어린이 여러분과 학부모님께

　이 책은 초등학교 1학년의 국어 교과서 읽기, 쓰기에 맞추어 아름다운 우리글을 제대로 익힐 수 있도록 구성하였습니다.
　교과서에서 단원별로 다루는 중요한 핵심 글자나 낱말, 문장들을 뽑아 읽고 쓰는 연습을 충분히 하여 자연스럽게 예습과 복습이 되도록 꾸며졌습니다.

　오늘날에는 텔레비전이나 컴퓨터가 일상 생활화되면서부터 말과 글은 빨리 익히는 데 비해 글씨는 바르고 예쁘게 쓰지 못하는 경우가 많아지는 것 같습니다. 여러 가지 놀잇감과 편리한 도구의 발달 때문에 직접 글씨를 쓸 기회가 점점 줄어들어서 더욱 그런 것이겠지요.

　어린이 여러분, 예쁜 글씨는 한 자 한 자 정성 들여 따라 쓰고 익히다 보면, 점점 예쁘고 바른 글씨체로 바뀌며 마음도 안정되고 집중력도 길러진답니다.
　또한, 아름답고 고마운 우리글을 올바르게 사용할 수 있으려면, 의미만 통하도록 간단히 줄여서 쓰거나 소리 나는 대로 제멋대로 적는다거나 해서는 안 되겠지요. 글씨를 바르고 예쁘게 쓰는 것도 중요하지만 올바른 글을 쓰는 습관도 매우 중요하답니다.

　국어 교과서 순서에 따라 구성하였기 때문에 학교 수업 진도에 맞게 미리미리 공부하며 글씨체도 예쁘게 바로잡아 주고, 받아쓰기와 원고지 사용법 등을 재미있고 쉽게 익힐 수 있도록 구성하였습니다.

이렇게 꾸며져 있어요.

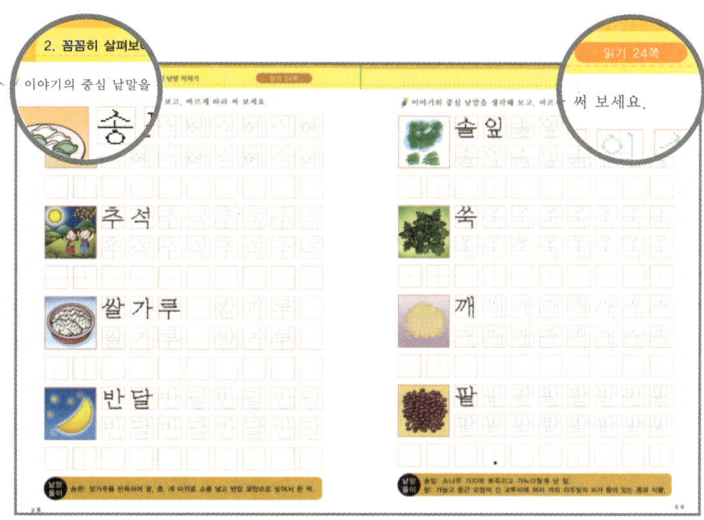

국어 교과서의 단원에 맞추어서 꾸며져 있으므로, 학교 진도에 맞게 받아쓰기와 예습, 복습을 할 수 있어요.

교과서의 과목별 쪽수를 표기해서, 내용을 쉽게 찾아 예습, 복습할 수 있도록 구성하였습니다.

틀리기 쉬운 낱말이나 문장들의 쓰기 연습을 통해 예쁜 글씨도 익히고, 받아쓰기에도 대비할 수 있어요.

그림을 넣어서 낱말의 뜻을 이해하기 쉽게 구성했으며, 쓰기 연습을 하는 데도 지루하지 않도록 했답니다.

낱말 풀이를 바로바로 할 수 있도록 했어요.

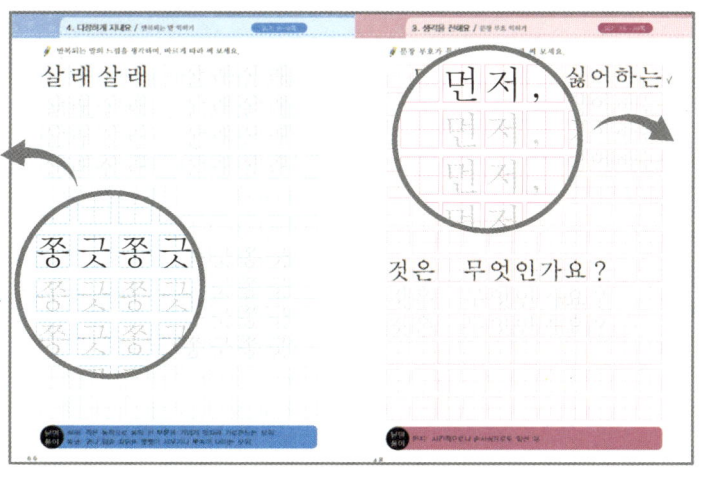

네모 칸 안에 딱 맞게, 쓰기 연습이 많이 되도록 구성되어 있으므로, 글자 모양과 크기가 일정해지면서 점점 예쁘고 바른 글씨로 바뀌게 될 것입니다.

문장들을 뽑아 원고지의 쓰기와 똑같게 쓰는 연습을 충분히 하여 원고지 사용법을 익힐 수 있도록 했습니다.

5

한글의 기본 모양을 익혀 보세요.

한글은 자음과 모음이 서로 조화롭게 합쳐져 그 모양이 만들어진 글자입니다.
쓰기의 기본이 되는 자음과 모음을 먼저 익히고 낱말과 문장 쓰기의 순서대로 익혀보세요.
꾸준히 한 자 한 자 따라 쓰기 연습을 하다 보면 예쁘고 바른 글씨체를 쓸 수 있답니다.

★ ◁ 모양의 글자를 익혀 보세요.

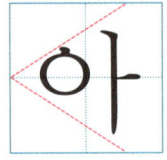 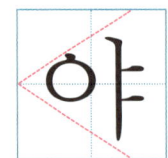 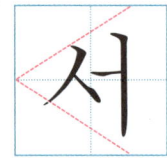 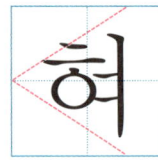 

▶ 이렇게 ㅏ, ㅑ, ㅓ, ㅕ, ㅣ의 모음과 합친 글자는 ◁ 모양에 맞추어 씁니다.

★ △ 모양의 글자를 익혀 보세요.

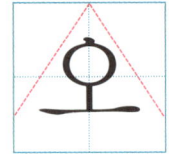 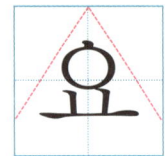 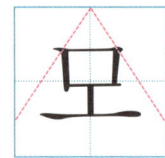 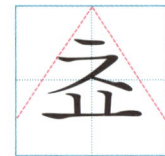 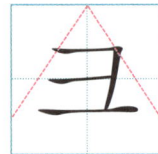

▶ 이렇게 ㅗ, ㅛ, ㅡ 의 모음과 합친 글자는 △ 모양에 맞추어 씁니다.

★ ◇ 모양의 글자를 익혀 보세요.

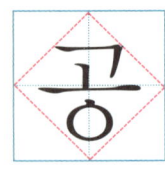 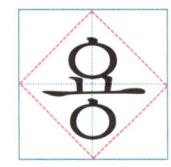 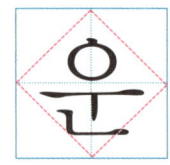 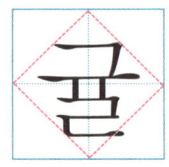 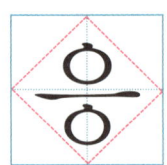

▶ 이렇게 ㅜ, ㅠ 의 모음 이거나 ㅗ, ㅛ, ㅜ, ㅠ, ㅡ 의 모음에 받침이 있는 글자는 ◇ 모양에 맞추어 씁니다.

✏️ 한글은 모음의 기본 형태에 따라 글자의 모양이 결정되는 경우가 많으므로 앞에 나온 세 가지의 기본 모양을 열심히 연습하여 예쁘고 바른 글씨체를 가질 수 있도록 해 보세요. 아래 낱말들도 따라 쓰며 글자의 기본 모양을 한 번 더 익혀 보세요.

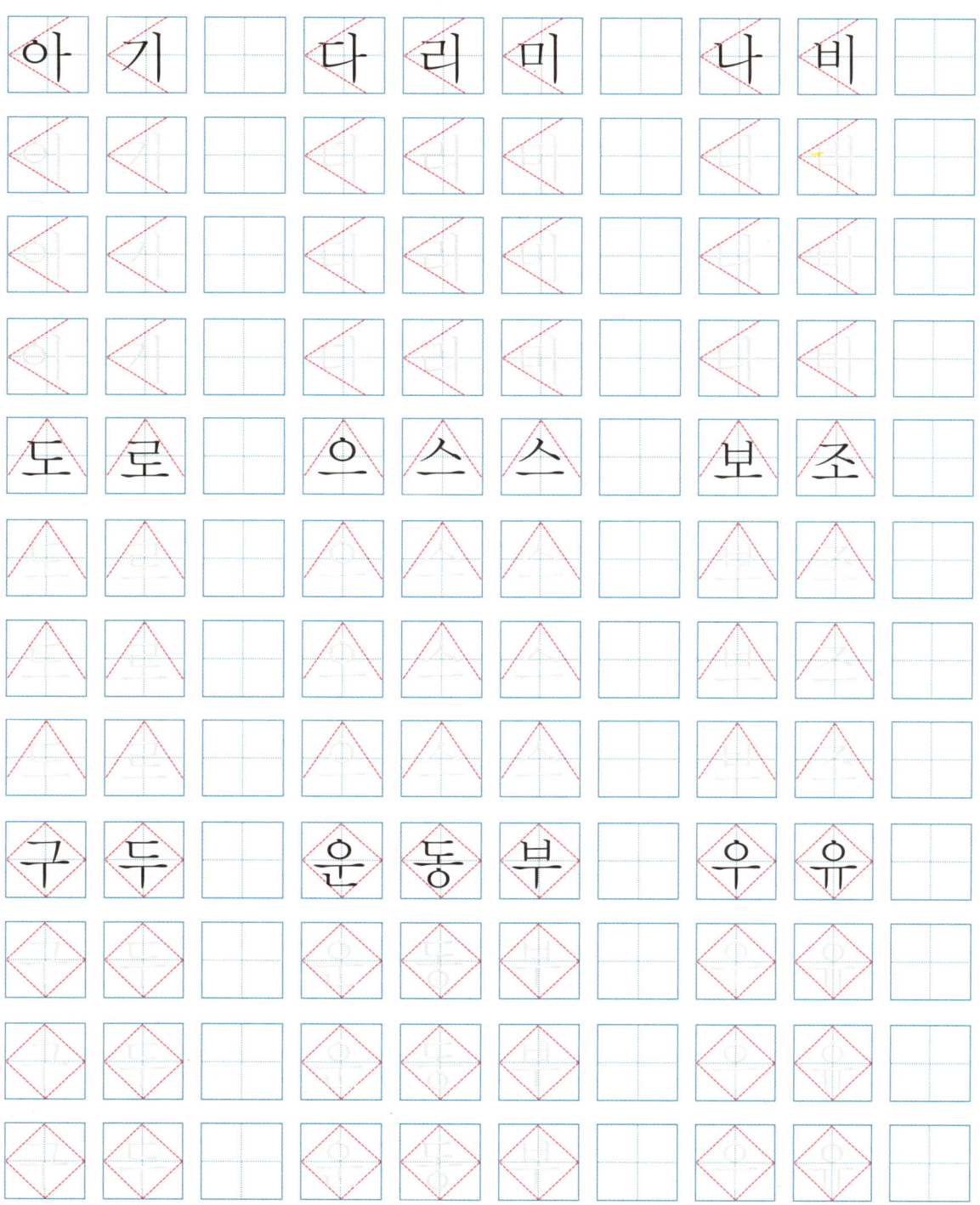

그림을 통해 바른 자세를 알아보아요.

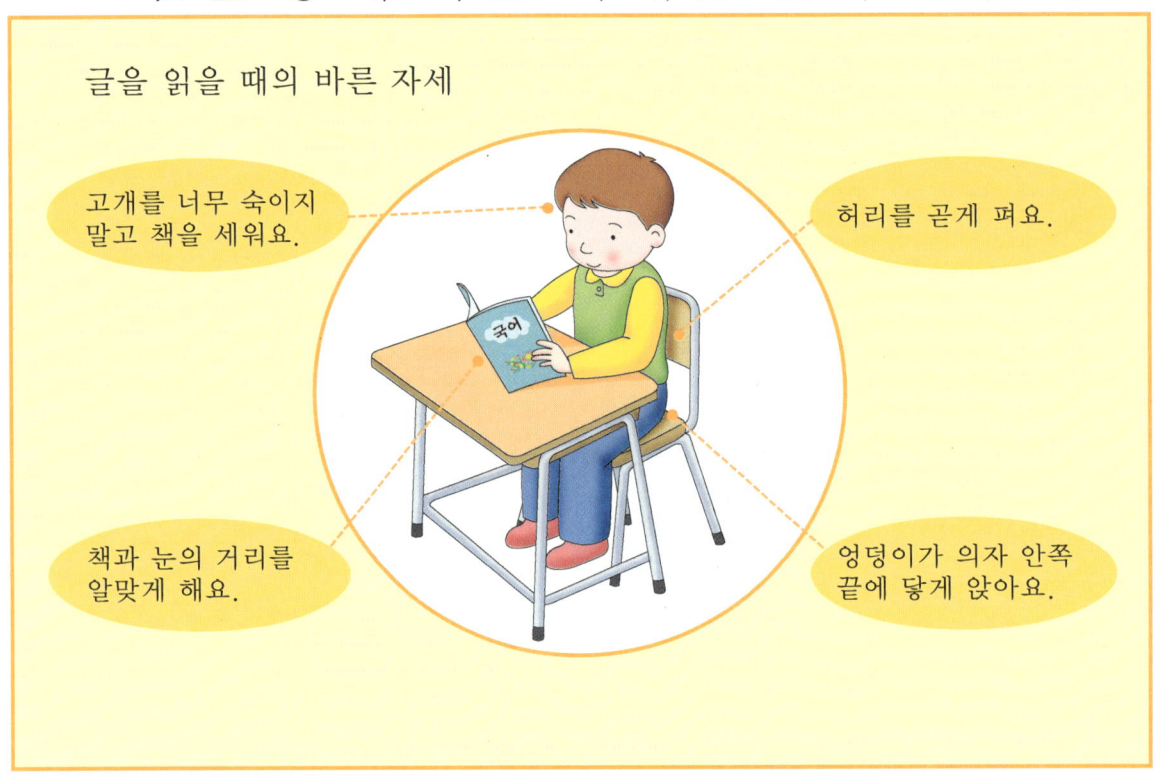

글을 읽을 때의 바른 자세

- 고개를 너무 숙이지 말고 책을 세워요.
- 허리를 곧게 펴요.
- 책과 눈의 거리를 알맞게 해요.
- 엉덩이가 의자 안쪽 끝에 닿게 앉아요.

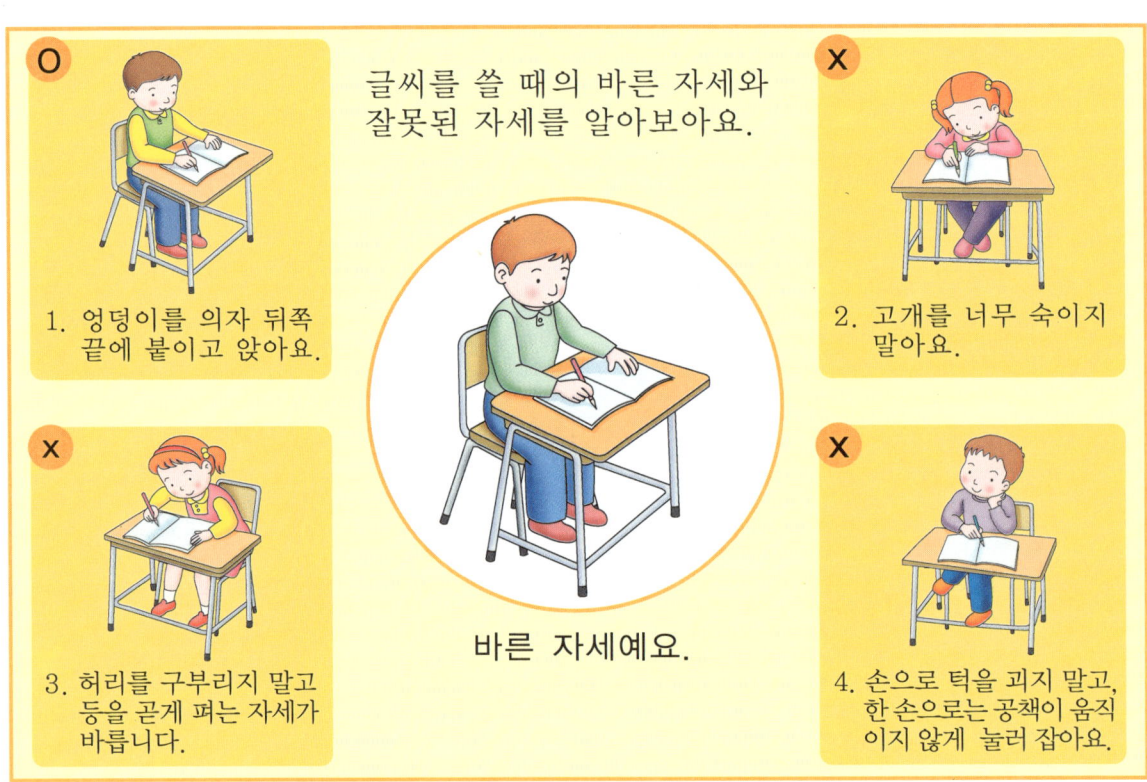

글씨를 쓸 때의 바른 자세와 잘못된 자세를 알아보아요.

바른 자세예요.

1. 엉덩이를 의자 뒤쪽 끝에 붙이고 앉아요.
2. 고개를 너무 숙이지 말아요.
3. 허리를 구부리지 말고 등을 곧게 펴는 자세가 바릅니다.
4. 손으로 턱을 괴지 말고, 한 손으로는 공책이 움직이지 않게 눌러 잡아요.

그림을 통해 바른 자세를 알아보아요.

글을 읽을 때의 바른 자세는 어떤 것일까요?

글씨를 쓸 때의 바른 자세는 어떤 것일까요?

그림을 통해 연필 쥐는 법을 익혀 보세요.

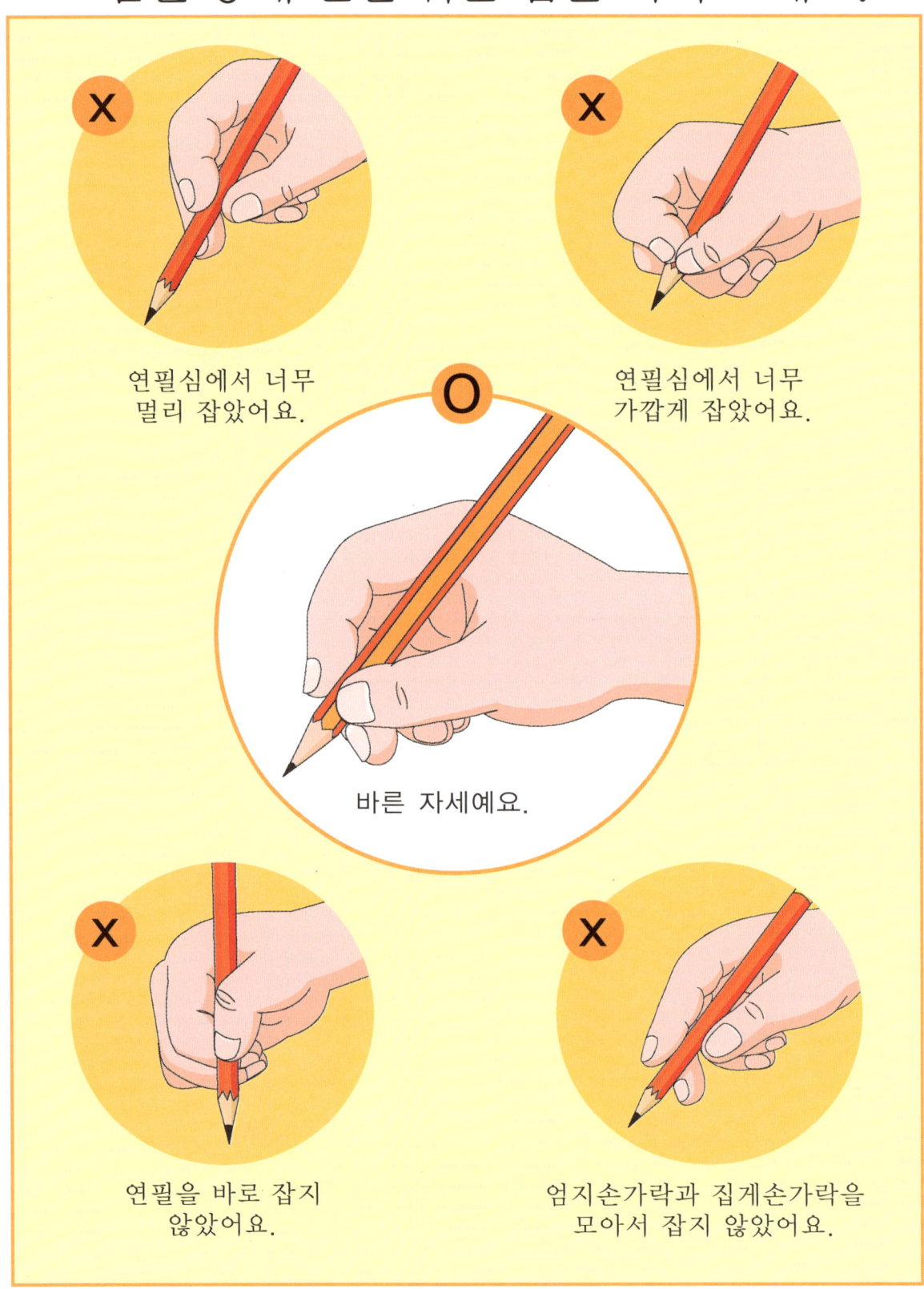

연필 쥐는 법과 좋은 점을 배워 보세요.

이렇게 하면 예쁘고 바른 글씨를 쓸 수 있어요.

1. 연필을 가운뎃손가락으로 받치고, 집게손가락을 약간 구부려 엄지손가락과 모아서 잡아요.
2. 연필은 너무 세우지 말고 공책과 연필의 각도가 30도 정도 뒤로 기울게 잡아요.
3. 연필을 너무 내려 잡거나 올려 잡지 않아요.
4. 적당히 힘을 주어 잡습니다. 힘을 너무 주면 팔목이 아파요.
5. 글씨를 빨리 쓰려고 하지 말고, 모양에 맞도록 천천히 쓰는 연습부터 합니다.

바른 자세로 연필을 잡고 글씨를 쓰면 이런 점이 좋아요.

지금까지 바른 자세와 예쁘게 글씨 쓰는 법을 배웠어요. 바른 자세로 연필을 바르게 잡고 글씨를 쓰면 바르고 예쁜 글씨를 쓸 수 있을 뿐만 아니라 오랫동안 글씨를 써도 손과 허리가 아프지 않아요.
그럼 이제 바른 자세로 앉아 연필도 바르게 쥐고 글씨를 써 보세요.

자음자를 순서에 맞게 바르게 써 봅시다.

기역	니은	디귿	리을	미음	비읍	시옷
ㄱ	ㄴ	ㄷ	ㄹ	ㅁ	ㅂ	ㅅ

자음자를 순서에 맞게 바르게 써 봅시다.

이응	지읒	치읓	키읔	티읕	피읖	히읗
ㅇ	ㅈ	ㅊ	ㅋ	ㅌ	ㅍ	ㅎ
ㅇ	ㅈ	ㅊ	ㅋ	ㅌ	ㅍ	ㅎ
ㅇ	ㅈ	ㅊ	ㅋ	ㅌ	ㅍ	ㅎ
ㅇ	ㅈ	ㅊ	ㅋ	ㅌ	ㅍ	ㅎ
ㅇ	ㅈ	ㅊ	ㅋ	ㅌ	ㅍ	ㅎ
ㅇ	ㅈ	ㅊ	ㅋ	ㅌ	ㅍ	ㅎ
ㅇ	ㅈ	ㅊ	ㅋ	ㅌ	ㅍ	ㅎ
ㅇ	ㅈ	ㅊ	ㅋ	ㅌ	ㅍ	ㅎ

모음자를 순서에 맞게 바르게 써 봅시다.

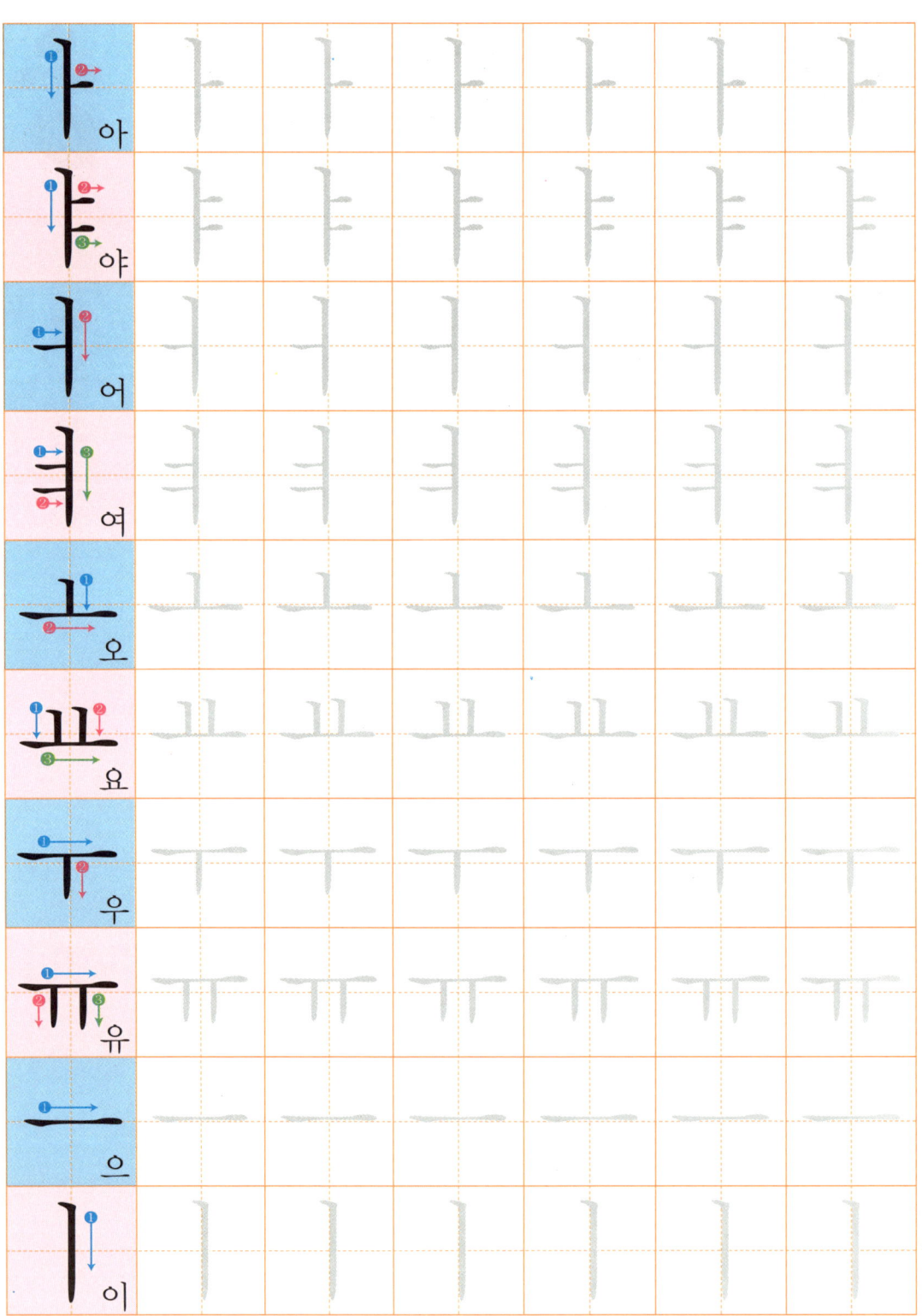

자음과 모음을 합하여 글씨를 써 봅시다.

모음/자음	ㅏ	ㅑ	ㅓ	ㅕ	ㅗ	ㅛ	ㅜ	ㅠ	ㅡ	ㅣ
ㄱ										
ㄴ										
ㄷ										
ㄹ										
ㅁ										
ㅂ										
ㅅ										
ㅇ										
ㅈ										
ㅊ										
ㅋ										
ㅌ										
ㅍ										
ㅎ										

원고지 사용법을 익혀 보세요.

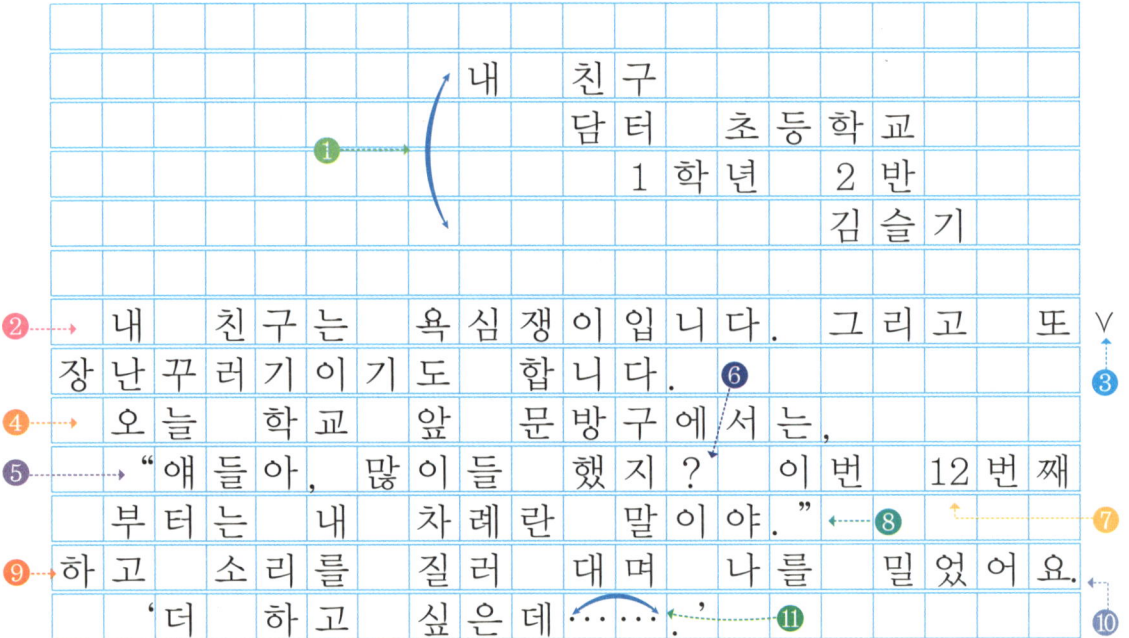

❶ 둘째 줄 가운데에 제목을 쓰고, 학교 이름은 셋째 줄의 뒤에서 3칸 정도 남겨 두고 써 주세요. 학년과 반은 넷째 줄에 뒤에서 3칸을 남겨 두고 쓰고, 이름은 다섯째 줄에 쓰는데 뒤에서 2칸을 남겨 둡니다.

❷ 본문은 이름 밑에 1행을 띄우고 써요. 문장이 시작될 때는 항상 첫 칸을 비우는데, 이어진 문장을 쓸 때는 첫 칸을 비우지 않고 이어서 씁니다.

❸ 오른쪽 끝에서 낱말과 낱말을 띄어 써야 할 때는 다음 행 왼쪽 첫 칸은 비우지 않고 임의로 옆에 띄어쓰기 표시(∨)만 해 줍니다.

❹ 글의 내용이 바뀔 때는 줄을 바꾸어 쓰고, 첫 칸은 반드시 비워 둡니다.

❺ 대화 글의 큰따옴표("")와 작은따옴표(' ')는 앞의 한 칸을 비워 쓰고, 글은 셋째 칸부터 씁니다. 그리고 다음 줄부터는 둘째 칸부터 글을 씁니다.

❻ 물음표(?)와 느낌표(!)는 한 칸에 쓰고, 다음 칸은 반드시 비워 둡니다. 따옴표와 함께 쓸 때는, 따옴표를 바로 다음 칸에 써 줍니다.

❼ 숫자는 한 칸에 두 자씩 씁니다.

❽ 온점(.)과 반점(,)은 한 칸에 쓰고, 다음 칸은 비우지 않아요. 온점과 따옴표는 한 칸 안에 함께 써 줍니다.

❾ 대화 글이나 혼잣말의 뒤에 나오는 문장이 앞에 있는 문장과 이어지면 첫째 칸부터 쓰고, 문장이 이어지지 않고 새로 시작되면 둘째 칸부터 쓴답니다.

❿ 문장이 맨 끝 칸에서 끝났을 때, 온점과 반점은 마지막 글자와 한 칸에 함께 쓰고, 물음표와 느낌표는 임의로 한 칸을 옆에 더 그려 주고 그곳에 씁니다.

⓫ 줄임표는 한 칸에 세 개씩 나누어 두 칸에 찍습니다.

차 례

들어가기
- 1학년 어린이들에게 …………… 4
- 이렇게 꾸며져 있어요 …………… 5
- 한글의 기본 모양 익히기 …………… 6
- 바른 자세 익히기 …………… 8
- 자음 모음 익히기 …………… 12
- 원고지 사용법 …………… 16

즐거운 마음으로
- 글의 느낌과 낱말 …………… 18
- 겪은 일에 대한 일기 …………… 22
- 아버지는 요리사 …………… 24
- 글을 읽고 문장 익히기 …………… 26

꼼꼼히 살펴보아요
- 중심 낱말 익히기 …………… 28
- 궁금한 내용과 낱말 …………… 36
- 잘못 쓰기 쉬운 낱말 익히기 …………… 38
- 중심 문장 익히기 …………… 42

생각을 전해요
- 문장 부호 익히기 …………… 44
- 자기 자랑 …………… 52
- 낱말 따라 쓰고 익히기 …………… 56
- 생각이 잘 나타난 글 …………… 62

다정하게 지내요
- 반복되는 말 익히기 …………… 66
- 어울리는 말 …………… 74
- 글의 내용과 낱말 따라 쓰기 …………… 78
- 글의 내용과 문장 익히기 …………… 82

더 알고 싶어요 / 이렇게 해보아요
- 중요한 내용 …………… 88
- 생각하며 문장 익히기 …………… 94
- 경험한 일 …………… 98
- 내가 만드는 문장 …………… 104

상상의 날개를 펴고
- 장면을 떠올리며 낱말, 문장 익히기 …………… 106
- 우리말 꾸러미 …………… 114
- 낱말 표현 익히기 …………… 118
- 글을 통해 문장 익히기 …………… 120

1. 즐거운 마음으로 / 글의 느낌과 낱말

✏️ 글의 느낌을 생각하며, 바른 자세로 낱말을 따라 써 보세요.

낱말풀이
나팔꽃: 줄기가 덩굴져 감아 올라가며, 여름에 보라빛 나팔 모양으로 피는 꽃.
이슬: 기온이 내려가 공기 중의 수증기가 물방울이 되어 물체 표면에 붙어있는 것.

읽기 5~10쪽

✏️ 글의 느낌을 생각하며, 바른 자세로 낱말을 따라 써 보세요.

낱말풀이
동화: 어린이를 위해 동심을 바탕으로 서정적이고 교훈적인 내용으로 지은 이야기.
꽃향기: 꽃에서 나는 향내.

1. 즐거운 마음으로 / 글의 느낌과 낱말

✏️ 글의 느낌을 생각하며, 바른 자세로 낱말을 따라 써 보세요.

낱말풀이
꿀밤: 주먹 끝으로 가볍게 머리를 때리는 짓.
나팔: 끝이 나팔꽃 모양으로 된 금속으로 만든 관악기.

읽기 6~19쪽

✏️ 글의 느낌을 생각하며, 바른 자세로 낱말을 따라 써 보세요.

| 창 밖 |
| 신 문 지 |
| 몸 짓 |
| 표 정 |

몸짓: 몸을 놀리는 모양.
표정: 마음속에 품은 감정이나 심리 상태가 얼굴에 드러난 모양.

1. 즐거운 마음으로 / 겪은 일에 대한 일기

✏️ 겪었던 일을 떠올려 보고, 바른 자세로 낱말을 따라 써 보세요.

낱말 풀이
일기: 날마다 그날 겪은 일이나 생각, 느낌을 적는 기록.
늦잠: 아침에 늦게까지 자는 잠.

✏️ 겪었던 일을 떠올려 보고, 낱말을 바르게 따라 써 보세요.

낱말풀이 주사: 약액을 주사기에 넣어 혈관 속이나 조직에 직접 주입하는 일.

1. 즐거운 마음으로 / 아버지는 요리사

✏️ 겪었던 일을 떠올려 보고, 낱말을 바르게 따라 써 보세요.

그릇

달걀

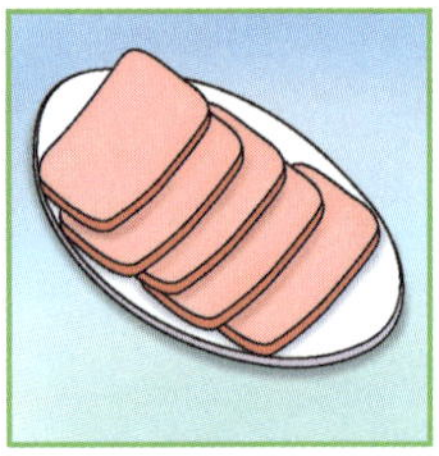

햄

빗방울

햄: 돼지고기를 소금에 절여 훈제한 가공 식품.

1. 즐거운 마음으로 / 글을 읽고 문장 익히기

✏️ 겪었던 일을 떠올려 보고, 문장도 바르게 따라 써 보세요.

　나는　은비와　같은
모둠이　되었다.

　맛은　고소하고　약
간　매웠다.

낱말풀이 모둠: 효율적인 학습을 위하여 학생들을 대여섯 명 내외로 묶은 모임.

쓰기 8~17쪽, 읽기 11~19쪽

✏️ 생각이나 느낌이 나타난 글을 읽고, 문장도 바르게 따라 써 보세요.

책상 밑에 숨어도 ✓
나만 따라 해.

그리고 이제 밖으
로 나가는 거야!

낱말 풀이 밖: 무슨 테나 금을 넘어선 바깥쪽.

2. 꼼꼼히 살펴보아요 / 중심 낱말 익히기

✏️ 이야기의 중심 낱말을 생각해 보고, 바르게 따라 써 보세요.

낱말풀이 송편: 쌀가루를 반죽하여 팥, 콩, 깨 따위로 소를 넣고 반달 모양으로 빚어서 찐 떡.

2. 꼼꼼히 살펴보아요 / 중심 낱말 익히기

✏️ 명절 차례 음식에 대해 생각해 보고, 낱말을 바르게 따라 써 보세요.

식 혜 식 혜 식 혜 식 혜
식 혜 식 혜 식 혜 식 혜

전 전 전 전 전 전 전
전 전 전 전 전 전 전

도 미 찜   도 미 찜
도 미 찜   도 미 찜

나 물 나 물 나 물 나 물
나 물 나 물 나 물 나 물

낱말 풀이
전: 채소나 생선을 얇게 썰어 밀가루를 묻혀 기름에 지진 음식을 이르는 말.
식혜: 쌀밥을 엿기름으로 삭혀서 설탕을 넣고 끓여 차게 식혀 만든 음료.

2. 꼼꼼히 살펴보아요 / 중심 낱말 익히기

중심 낱말에 대해 생각해 보고, 바르게 따라 써 보세요.

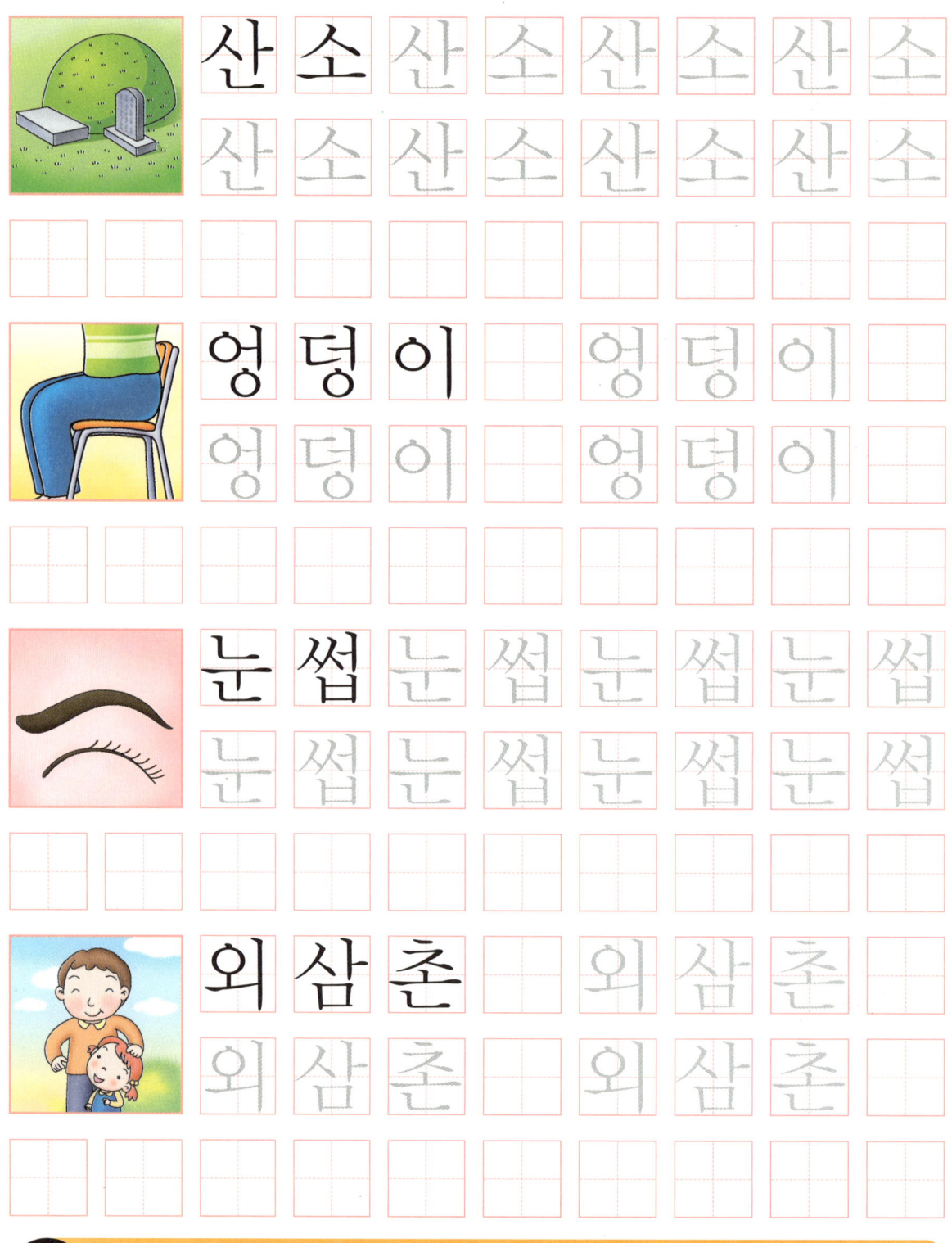

낱말 풀이
산소: 조상들의 묘를 높여 이르는 말.
외삼촌: 어머니의 남자 형제.

쓰기 19~23쪽, 읽기 26~28쪽

✏️ 중심 낱말에 대해 생각해 보고, 바르게 따라 써 보세요.

| 낱말 풀이 | 괭이밥: 잎은 작고 갈라진 하트 모양이고, 여름에 노란 꽃이 꽃줄기 끝에 피는 꽃. |
| | 제비꽃: 이른 봄에 자주색의 꽃이 잎 사이에서 피는 제비꽃과의 여러해살이풀. |

2. 꼼꼼히 살펴보아요 / 중심 낱말 익히기

✏️ 중심 낱말에 대해 생각해 보고, 바르게 따라 써 보세요.

낱말 풀이
달맞이꽃: 여름에 크고 노란 꽃이 밤에만 피는 두해살이풀.
뚱딴지꽃: 땅속 줄기는 감자 모양이고 늦여름에 노랑 꽃이 피는 국화과 여러해살이풀.

중심 낱말에 대해 생각해 보고, 바르게 따라 써 보세요.

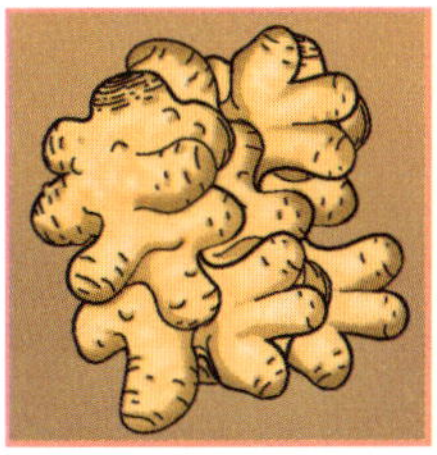

울	퉁	불	퉁	울	퉁	불	퉁
울	퉁	불	퉁	울	퉁	불	퉁

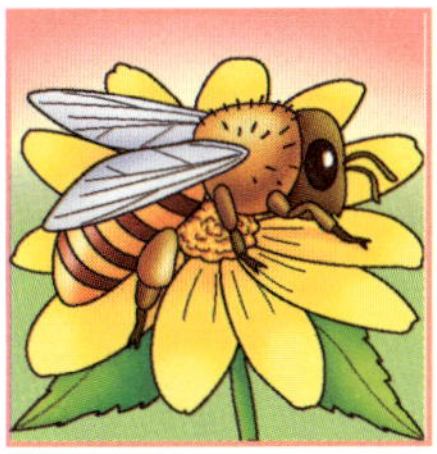

꿀	벌	꿀	벌	꿀	벌	꿀	벌
꿀	벌	꿀	벌	꿀	벌	꿀	벌

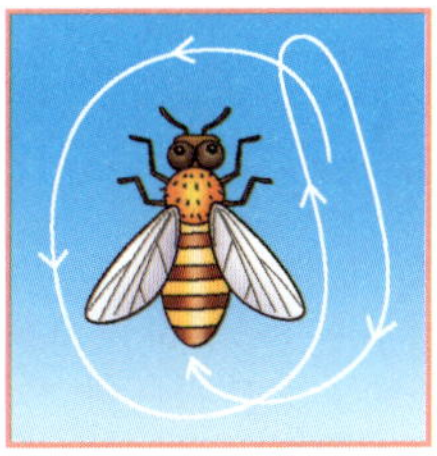

빙	글	빙	글	빙	글	빙	글
빙	글	빙	글	빙	글	빙	글

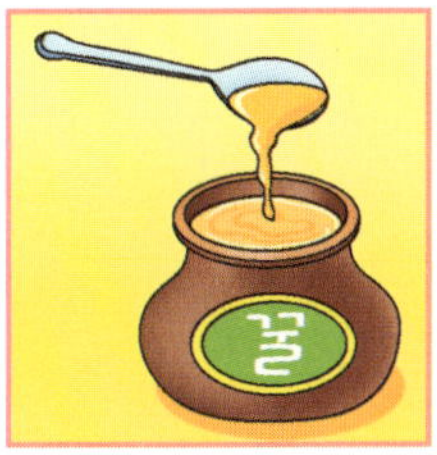

꿀	꿀	꿀	꿀	꿀	꿀	꿀	꿀
꿀	꿀	꿀	꿀	꿀	꿀	꿀	꿀

낱말 풀이 꿀벌: 몸은 갈색, 날개는 희고 투명하며 여왕벌을 중심으로 집단 생활을 하는 곤충.

2. 꼼꼼히 살펴보아요 / 궁금한 내용과 낱말

✏️ 궁금해 하는 것에 대해 생각해 보고, 낱말도 바르게 따라 써 보세요.

낱말풀이 우주선: 우주 공간을 비행하기 위한 비행 물체.

궁금해 하는 것에 대해 생각해 보고, 낱말도 바르게 따라 써 보세요.

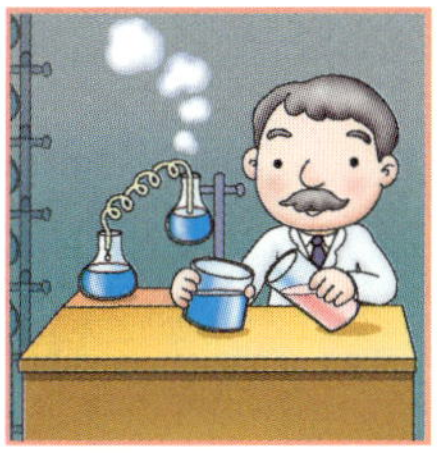

과학자 과학자

과학자 과학자

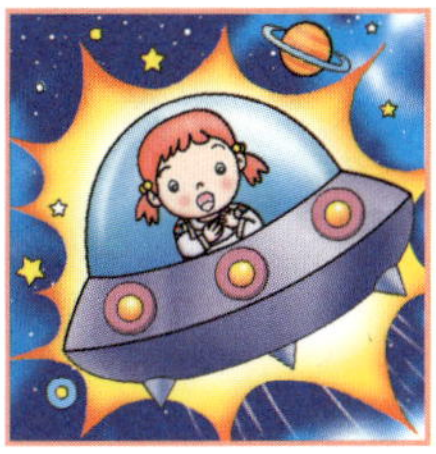

위험 위험 위험 위험

위험 위험 위험 위험

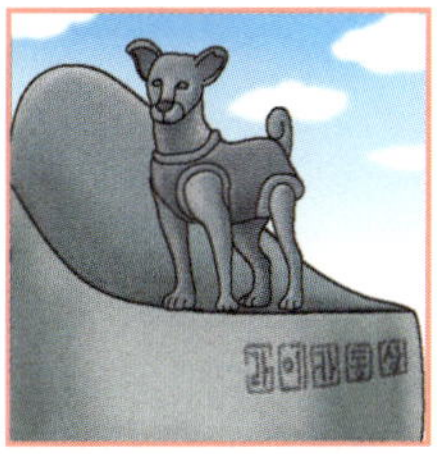

동상 동상 동상 동상

동상 동상 동상 동상

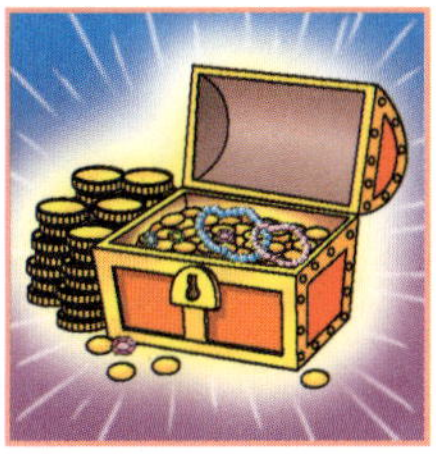

보물 보물 보물 보물

보물 보물 보물 보물

낱말 풀이

과학자: 주로 자연 과학을 전문으로 연구하는 사람.

동상: 구리로 만들어 놓은 사람이나 동물의 형상.

2. 꼼꼼히 살펴보아요 / 잘못 쓰기 쉬운 낱말 익히기

✏️ 잘못 쓰기 쉬운 낱말을 잘 보고, 바르게 따라 써 보세요.

낱말풀이 차례: 명절날에 조상을 기리며 낮에 지내는 제사.

✏️ 잘못 쓰기 쉬운 낱말을 잘 보고, 바르게 따라 써 보세요.

| 낱말 풀이 | 팻말: 무엇을 알리려고 표시해 세워 놓은 말뚝.
꽃꽂이: 꽃이나 나뭇가지를 꽃병이나 물이 담긴 그릇에 예쁘게 꽂아 꾸미는 일. |

2. 꼼꼼히 살펴보아요 / 잘못 쓰기 쉬운 낱말 익히기

✏️ 잘못 쓰기 쉬운 낱말을 잘 보고, 바르게 따라 써 보세요.

낱말 풀이 젓가락: 음식을 집어 먹거나, 물건을 집는 데 쓰는 기구.

2. 꼼꼼히 살펴보아요 / 중심 문장 익히기

중심 내용을 생각하며, 소리 내어 읽고 바르게 따라 써 보세요.

달이 뜰 무렵에 피는 들꽃이랍니다.

누가 가장 먼저 우주에 갔을까요?

낱말 풀이 무렵: 대략 어떤 시기와 일치하는 즈음.

읽기 24~34쪽, 쓰기 23쪽

✏️ 중심 내용을 생각하며, 소리 내어 읽고 바르게 따라 써 보세요.

| 낱말 풀이 | 추석: 음력 팔월 보름날에 햅쌀로 송편을 빚고 햇과일과 음식을 장만하여 차례를 지내는 우리나라 명절. |

문장 부호의 이름과 쓰임을 익혀 보아요.

.

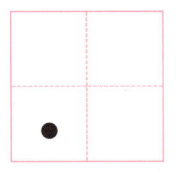

온점은 문장의 끝에 씁니다.

서로 자기가 힘이

서로 자기가 힘이
서로 자기가 힘이

세다고 우겼습니다.

세다고 우겼습니다.
세다고 우겼습니다.

낱말 풀이 서로: 짝을 이루거나 관계를 맺고 있는 상대.

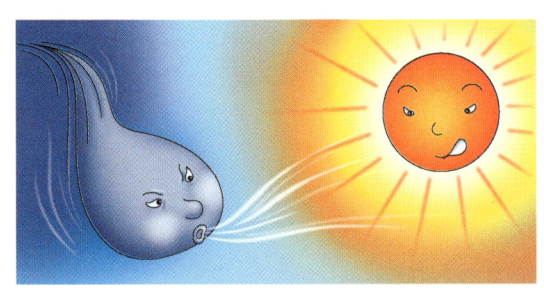

 문장 부호의 이름과 쓰임을 익혀 보아요.

, **반점**은 부르는 말이나 대답하는 말 뒤에 씁니다.

바둑아, 어디에 있니?
바둑아, 어디에 있니?
바둑아, 어디에 있니?
바둑아, 어디에 있니?
바둑아, 어디에 있니?

낱말풀이 바둑이: 털에 검은 점과 흰 점이 바둑무늬 모양으로 뒤섞여 있는 개.

3. 생각을 전해요 / 문장 부호 익히기

✏️ 문장 부호의 이름과 쓰임을 익혀 보아요.

느낌표는 느낌을 나타내는 문장의 끝에 씁니다.

와, 달콤한 냄새!

와, 달콤한 냄새!

와, 달콤한 냄새!

와, 달콤한 냄새!

와, 달콤한 냄새!

낱말 풀이
냄새: 코로 맡을 수 있는 여러 가지 향이나 기운.
달콤한: 감칠맛이 있게 느껴지는 단맛.

✏️ 문장 부호의 이름과 쓰임을 익혀 보아요.

 **물음표**는 묻는 문장의 끝에 씁니다.

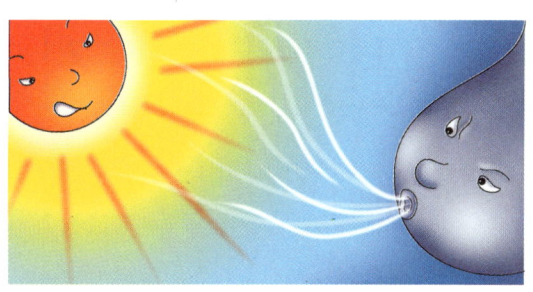

바람과 해님은 무슨 ✓
바람과 해님은 무슨 ✓
바람과 해님은 무슨 ✓

내기를 하였나요?
내기를 하였나요?
내기를 하였나요?

낱말풀이 바람: 기압의 변화로 일어나는 공기의 움직임.

3. 생각을 전해요 / 문장 부호 익히기

문장 부호가 들어 있는 문장을 따라 써 보세요.

먼저, 가장 싫어하는 ✓

것은 무엇인가요?

✏️ 문장 부호가 들어 있는 문장을 따라 써 보세요.

3. 생각을 전해요 / 문장 부호 익히기

✏️ 문장 부호가 들어 있는 문장을 따라 써 보세요.

허리춤에 넣고 갈까,

둥지째 떼어 갈까!

✏️ 문장 부호가 들어 있는 문장을 따라 써 보세요.

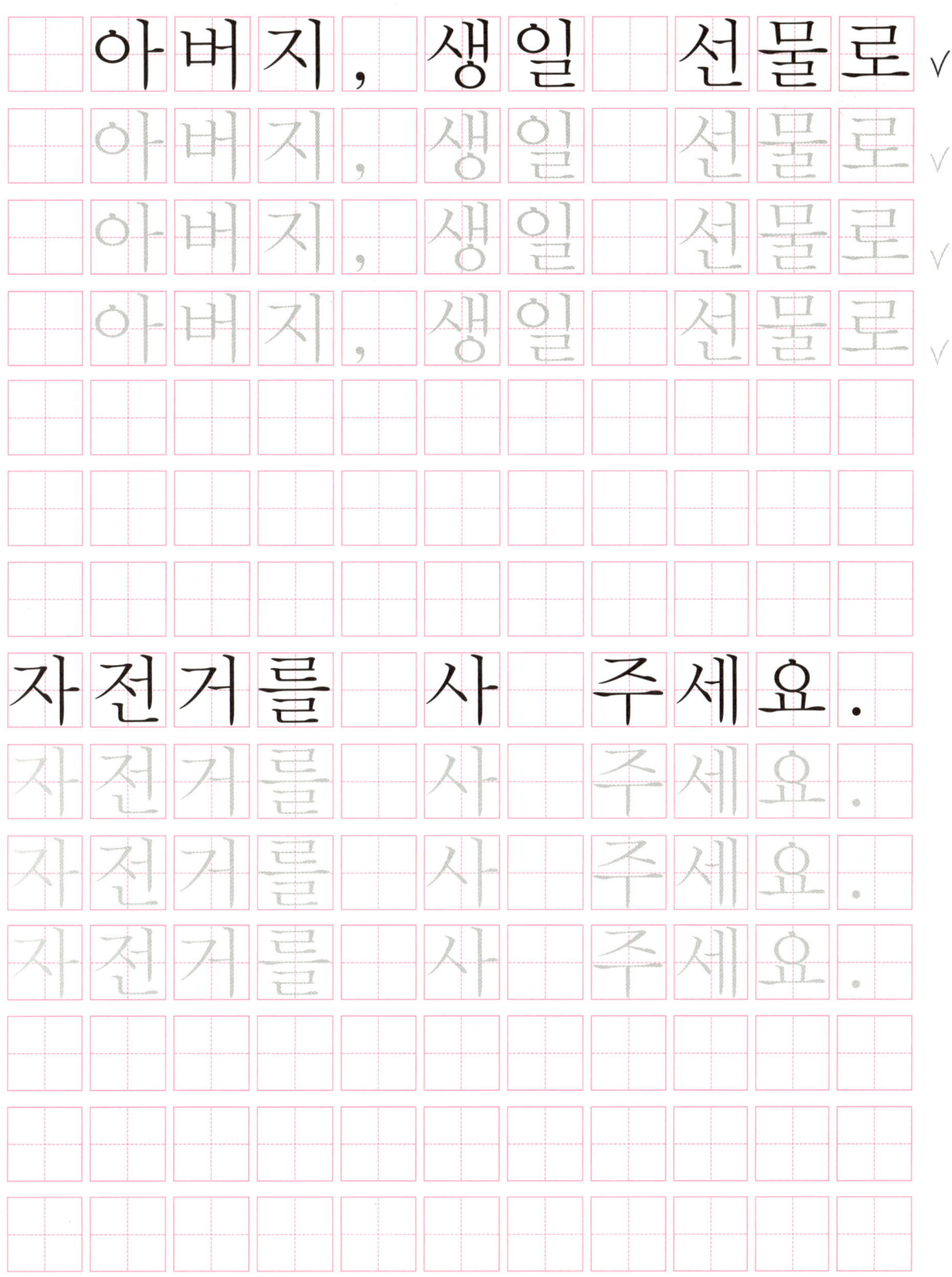

3. 생각을 전해요 / 자기 자랑

✏️ 이야기를 통해 낱말의 짜임을 알아보고, 바르게 따라 써 보세요.

낱말 풀이
코: 얼굴 중앙에 튀어나와 호흡을 하고 냄새를 맡으며 발성을 돕는 기관.

이야기를 통해 낱말의 짜임을 알아보고, 바르게 따라 써 보세요.

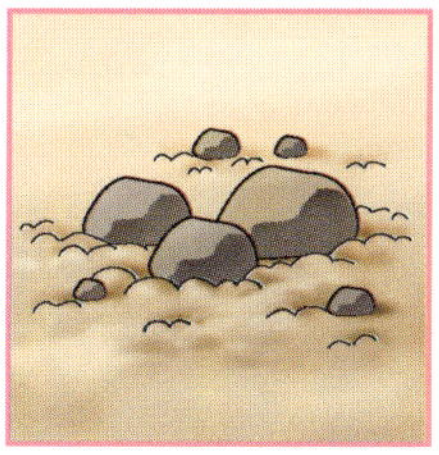

돌 부 리 | 돌 부 리
돌 부 리 | 돌 부 리

양 보 양 보 양 보 양 보 양 보
양 보 양 보 양 보 양 보 양 보

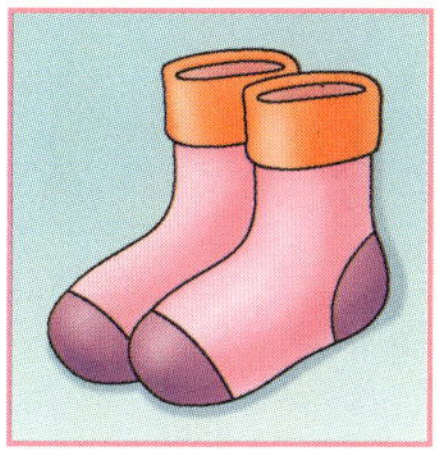

양 말 양 말 양 말 양 말
양 말 양 말 양 말 양 말

일 등 일 등 일 등 일 등 일 등
일 등 일 등 일 등 일 등 일 등

낱말 풀이
돌부리: 땅 위로 내민 돌멩이의 뾰족한 부분.
양보: 길이나 자리, 물건 따위를 사양하여 남에게 미루어 줌.

3. 생각을 전해요 / 자기 자랑

✏️ 문장 부호가 들어 있는 문장을 따라 써 보세요.

몸에서 나만큼 중

요한 것이 또 있니?

낱말풀이 중요한: 귀중하고 요긴함.

읽기 41~44쪽

✏️ 문장 부호가 들어 있는 문장을 따라 써 보세요.

낱말풀이 최고: 으뜸이 될 만한 것.

3. 생각을 전해요 / 낱말 따라 쓰고 익히기

✏️ 이야기를 통해 낱말의 짜임을 알아보고, 바르게 따라 써 보세요.

낱말 풀이
구두쇠: 돈이나 재물 따위를 쓰는 데에 몹시 인색한 사람.
부자: 재물이 많아 살림이 넉넉한 사람.

✏️ 생각이 드러난 글을 읽고, 낱말도 바르게 따라 써 보세요.

공짜

이야기

장래

희망

낱말풀이
장래: 앞으로의 다가올 가능성이나 전망.
희망: 앞일에 대하여 어떤 기대를 가지고 바람.

3. 생각을 전해요 / 낱말 따라 쓰고 익히기

✏️ 이야기를 통해 낱말의 짜임을 알아보고, 바르게 따라 써 보세요.

낱말풀이
반지: 손가락에 끼는 가락지.
알: 조류, 파충류, 어류, 곤충 등의 암컷이 낳는, 둥근 모양의 세포.

읽기 41~52쪽

이야기를 통해 낱말의 짜임을 알아보고, 바르게 따라 써 보세요.

낱말풀이 엽전: 옛날에 사용하던 둥글고 납작하며 가운데에 네모진 구멍이 있는 화폐.

3. 생각을 전해요 / 낱말 따라 쓰고 익히기

이야기를 통해 낱말의 짜임을 알아보고, 바르게 따라 써 보세요.

📝 이야기를 통해 낱말의 짜임을 알아보고, 바르게 따라 써 보세요.

낱말풀이 인형: 사람이나 동물의 몸체를 본떠 만든 장난감.

3. 생각을 전해요 / 생각이 잘 나타난 글

생각이 잘 나타난 글에 대해 생각해 보고, 문장도 바르게 따라 써 보세요.

몸이 건강해지면 공부도 잘할 수 있어요.

✏️ 생각이 잘 나타난 글에 대해 생각해 보고, 문장도 바르게 따라 써 보세요.

날마다 피아노 연습을 꾸준히 하였습니다.

3. 생각을 전해요 / 생각이 잘 나타난 글

뜻이 잘 드러나게 읽고, 문장도 바르게 따라 써 보세요.

새알은 모두 새끼

새가 되었습니다.

✏️ 생각이 잘 드러나게 읽고, 문장도 바르게 따라 써 보세요.

사람들이 모두 웃음을 터뜨렸습니다.

4. 다정하게 지내요 / 반복되는 말 익히기

✏️ 반복되는 말의 느낌을 생각하며, 바르게 따라 써 보세요.

살래살래 살래살래
살래살래 살래살래
살래살래 살래살래
살래살래 살래살래

쫑긋쫑긋 쫑긋쫑긋
쫑긋쫑긋 쫑긋쫑긋
쫑긋쫑긋 쫑긋쫑긋
쫑긋쫑긋 쫑긋쫑긋

낱말 풀이
살래살래: 작은 동작으로 몸의 한 부분을 가볍게 잇따라 가로로 흔드는 모양.
쫑긋쫑긋: 귀나 입술 따위를 빳빳이 세우거나 뾰족이 내미는 모양.

✏️ 반복되는 말의 느낌을 생각하며, 바르게 따라 써 보세요.

울퉁불퉁

빙글빙글

낱말 풀이
울퉁불퉁: 물체의 거죽이나 면이 고르지 않게 여기저기 나오고 들어간 모양.
빙글빙글: 큰 것이 잇따라 미끄럽게 도는 모양.

4. 다정하게 지내요 / 반복되는 말 익히기

✏️ 반복되는 말의 느낌을 생각하며, 바르게 따라 써 보세요.

송골송골

어둑어둑

낱말풀이
송골송골: 땀이나 물방울 따위가 살갗이나 표면에 잘게 많이 돋아나는 모양.
어둑어둑: 사물을 똑똑히 알아볼 수 없을 만큼 어두운 모양.

📝 반복되는 말의 느낌을 생각하며, 바르게 따라 써 보세요.

주렁주렁

들썩들썩

 낱말풀이
주렁주렁: 열매 따위가 많이 매달려 있는 모양.
들썩들썩: 묵직한 물건이 자꾸 떠들렸다 가라앉았다 하는 모양.

4. 다정하게 지내요 / 반복되는 말 익히기

✏️ 반복되는 말의 느낌을 생각하며, 바르게 따라 써 보세요.

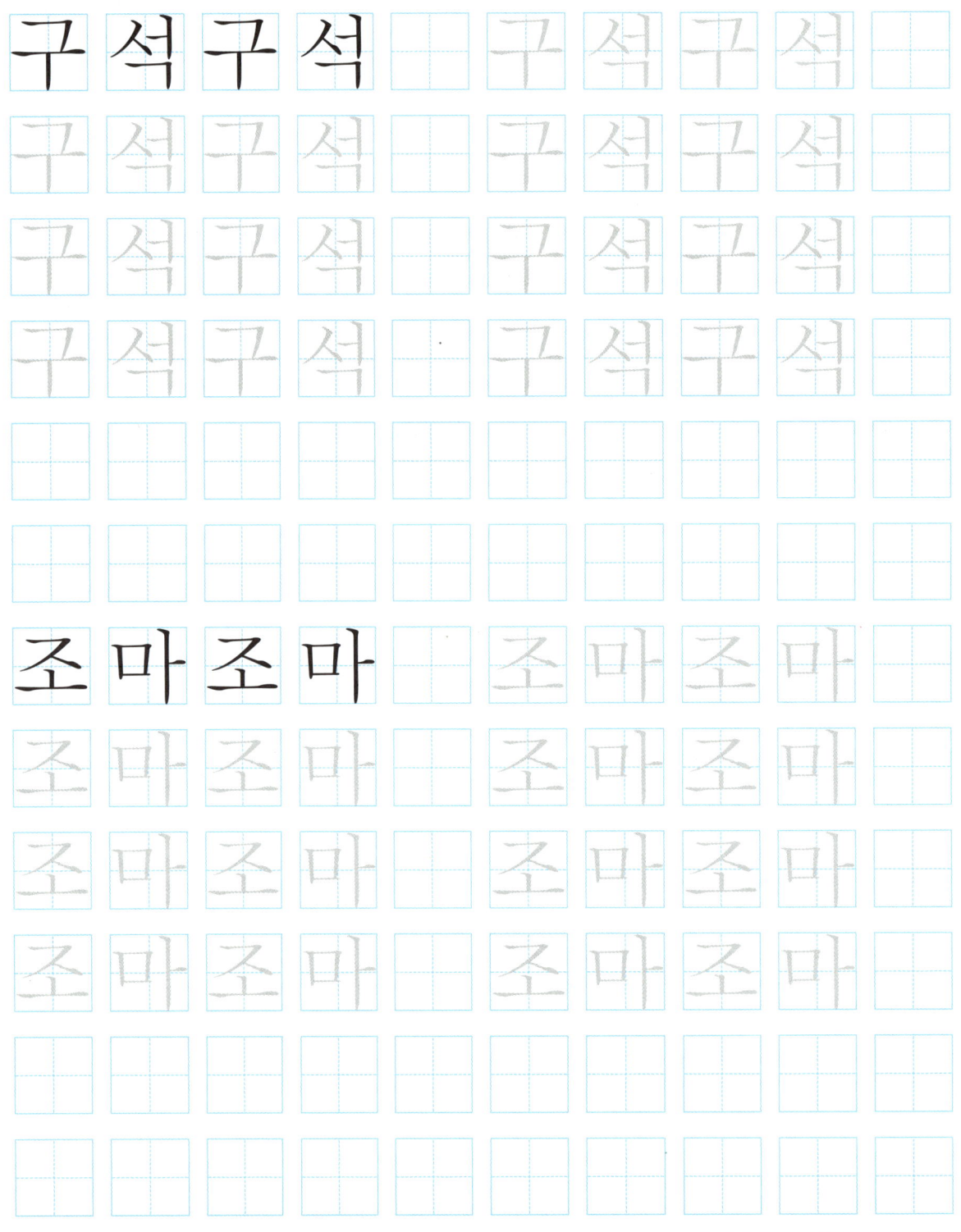

낱말풀이
구석구석: 모퉁이의 안쪽 속까지 샅샅이.
조마조마: 닥쳐올 일에 대하여 염려가 되어 마음이 초조하고 불안한 모양.

읽기 62~63쪽, 104~106쪽

✏️ 반복되는 말의 느낌을 생각하며, 바르게 따라 써 보세요.

| 낱말풀이 | 자꾸자꾸: 잇따라 여러 번 반복하거나 끊임없이 계속하여.
송이송이: 여럿 있는 송이마다 모두. |

4. 다정하게 지내요 / 반복되는 말 익히기

반복되는 말의 느낌을 생각하며, 바르게 따라 써 보세요.

반짝반짝   반짝반짝
반짝반짝   반짝반짝
반짝반짝   반짝반짝
반짝반짝   반짝반짝

새근새근   새근새근
새근새근   새근새근
새근새근   새근새근
새근새근   새근새근

낱말풀이
반짝반짝: 작은 빛이 잇따라 잠깐 나타났다가 사라지는 모양.
새근새근: 어린아이가 곤히 잠든 숨소리나 모양.

읽기 107~114쪽, 쓰기 58~59쪽

✏️ 반복되는 말의 느낌을 생각하며, 바르게 따라 써 보세요.

| 낱말 풀이 | 곱슬곱슬: 털이나 실 따위가 고불고불하게 말려 있는 모양.
오목오목: 군데군데 동그스름하게 푹 패거나 들어가 있는 모양. |

4. 다정하게 지내요 / 어울리는 말

서로 어울리는 낱말을 생각하며, 바르게 따라 써 보세요.

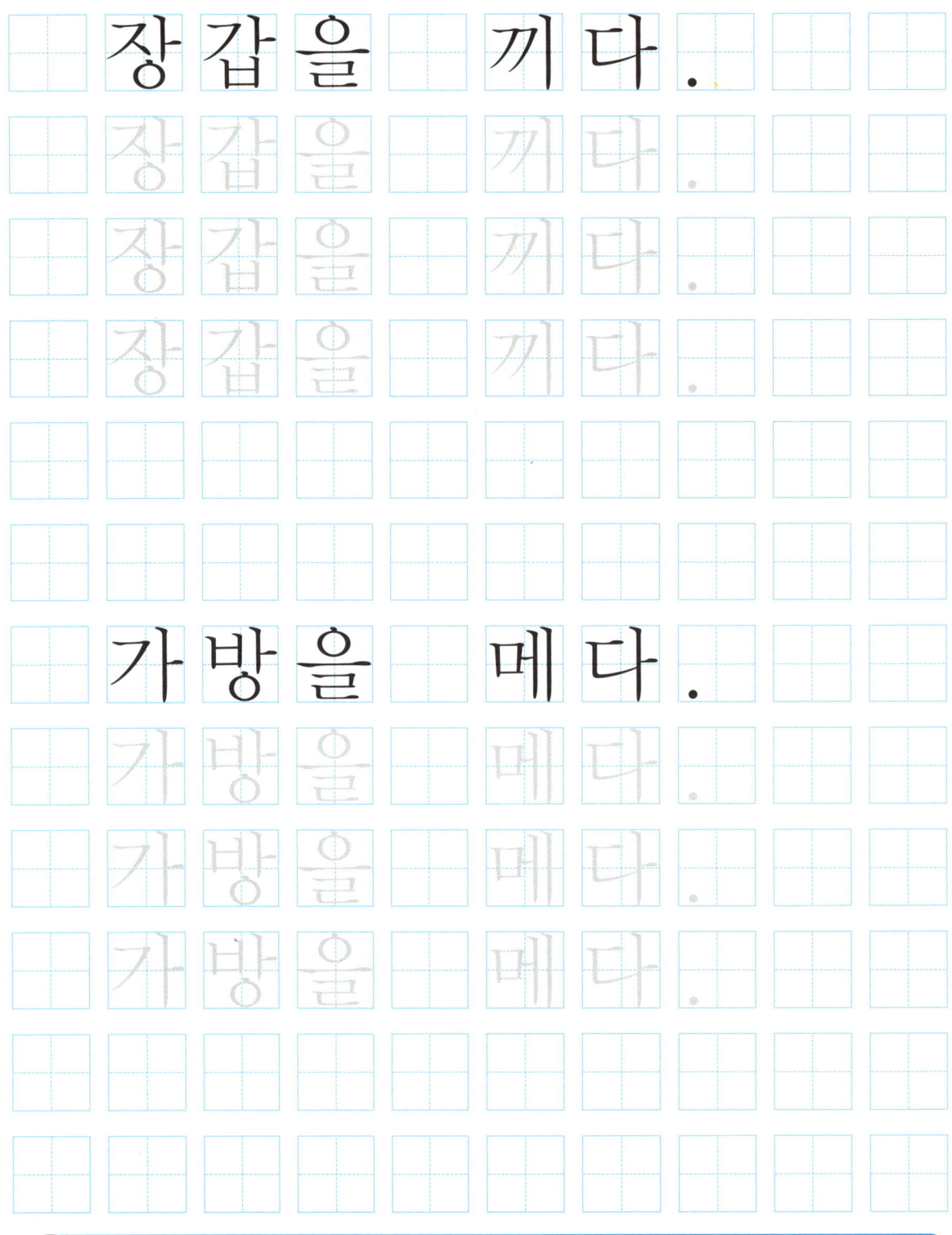

낱말 풀이
장갑: 손을 보호하거나 추위를 막거나 장식하기 위하여 손에 끼는 물건.
가방: 물건을 넣어 들거나 메고 다닐 수 있게 가죽이나 천으로 만든 용구.

✏️ 서로 어울리는 낱말을 생각하며, 바르게 따라 써 보세요.

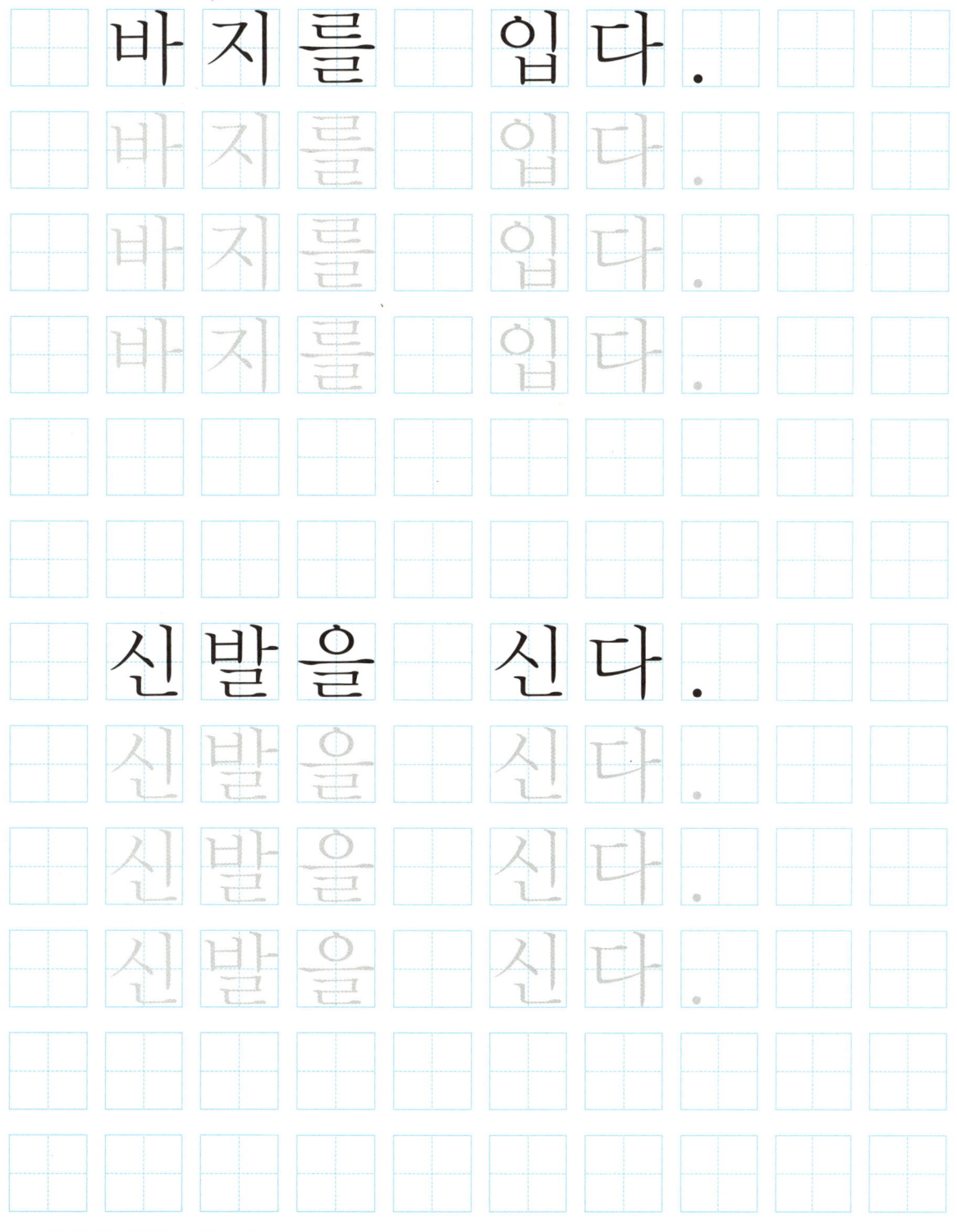

낱말 풀이
바지: 위는 통으로 되고 아래에는 두 다리를 꿰입게 된 아랫도리에 입는 옷.
신발: 발을 보호하기 위해 신는 신.

4. 다정하게 지내요 / 어울리는 말

✏️ 서로 어울리는 낱말을 생각하며, 바르게 따라 써 보세요.

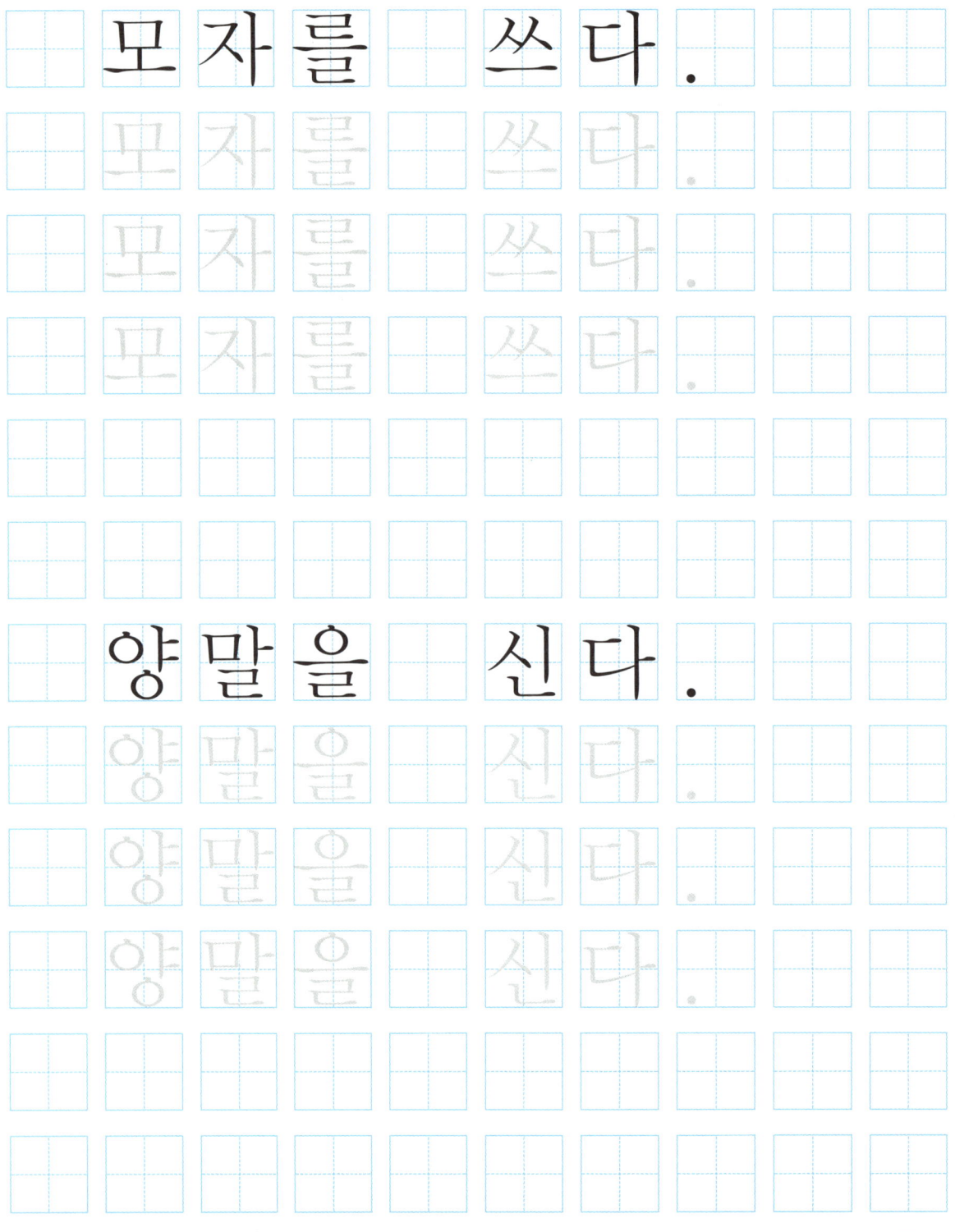

낱말 풀이
모자: 머리에 쓰는 물건의 하나로 추위나 햇볕 따위를 막기 위해 쓰는 물건.
양말: 맨발에 신도록 실이나 섬유로 짠 것.

읽기 70쪽 응용

✏️ 서로 어울리는 낱말을 생각하며, 바르게 따라 써 보세요.

점심을 먹다.

글씨를 쓰다.

낱말
풀이
점심: 낮에 끼니로 먹는 음식.
글씨: 쓴 글자의 모양.

누가 무엇을 하였는지를 생각하며, 낱말도 익히고 바르게 따라 써 보세요.

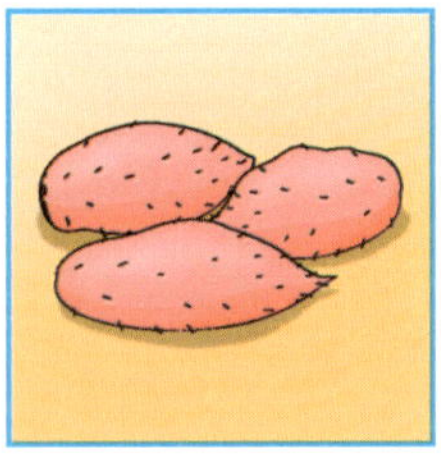

고구마 고구마

고구마 고구마

밭 밭 밭 밭 밭 밭 밭 밭 밭 밭

밭 밭 밭 밭 밭 밭 밭 밭 밭 밭

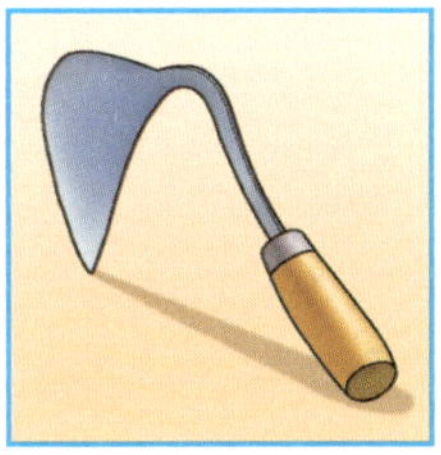

호미 호미 호미 호미

호미 호미 호미 호미

할머니 할머니 할머니

할머니 할머니 할머니

낱말 풀이

호미: 김을 매거나 감자나 고구마 따위를 캘 때 쓰는 쇠로 만든 농기구.
밭: 물을 대지 않고 야채나 곡류를 심어 농사를 짓는 땅.

4. 다정하게 지내요 / 글의 내용과 낱말 따라 쓰기

있었던 일에 대해 생각하며, 낱말도 바르게 따라 써 보세요.

낱말풀이 이모: 어머니의 여자 형제.

읽기 64~68쪽

✏️ 있었던 일에 대해 생각하며, 낱말도 바르게 따라 써 보세요.

돗자리

절

한복

이모부

낱말
풀이
절: 남에게 공경하는 뜻으로 몸을 굽혀 하는 인사.
이모부: 이모의 남편.

누가 무엇을 하였는지를 문장에 나타나게 바르게 써 보세요.

할머니는 고구마를 ∨

할머니는 고구마를 ∨
할머니는 고구마를 ∨
할머니는 고구마를 ∨

삶아 주셨습니다.

삶아 주셨습니다.
삶아 주셨습니다.
삶아 주셨습니다.

낱말 풀이 고구마: 덩굴줄기는 땅 위로 뻗으며, 땅속뿌리가 굵어져 식용으로 하는 덩이뿌리식물.

누가 무엇을 하였는지를 문장에 나타나게 바르게 써 보세요.

사또께 커다란 무를 바쳤습니다.

사또께 커다란 무
사또께 커다란 무
사또께 커다란 무
를 바쳤습니다.
를 바쳤습니다.
를 바쳤습니다.

낱말 풀이
사또: 옛날, 나라에서 벼슬을 주어 백성과 고을을 다스리는 임무를 준 관리.
무: 잎은 깃 모양이고, 뿌리는 희고 둥글며 길쭉한 뿌리채소.

4. 다정하게 지내요 / 글의 내용과 문장 익히기

✏️ 있었던 일에 대해 생각하며, 문장도 바르게 따라 써 보세요.

나는 바둑이를 큰 소리로 불러 보았다.

낱말풀이 소리: 물체의 진동에 의하여 생긴 음파가 귀청을 울리어 귀에 들리는 것.

📝 소개하는 것에 대해 생각하며, 문장도 바르게 따라 써 보세요.

언제나 우리 집

재롱둥이입니다.

낱말 풀이 재롱둥이: 재롱을 잘 부리는 어린아이나 애완동물을 이르는 말.

4. 다정하게 지내요 / 글의 내용과 문장 익히기

✏️ 있었던 일에 대해 생각하며, 문장도 바르게 따라 써 보세요.

이모께서 결혼식을 ✓
이모께서 결혼식을 ✓
이모께서 결혼식을 ✓
이모께서 결혼식을 ✓

올린다고 하셨어요.
올린다고 하셨어요.
올린다고 하셨어요.
올린다고 하셨어요.

 결혼식: 부부 관계를 맺는 서약을 하는 혼례식.

읽기 64~68쪽

✏️ 있었던 일에 대해 생각하며, 문장도 바르게 따라 써 보세요.

5. 더 알고 싶어요 / 중요한 내용

✏️ 중요한 내용에 대해 알아보고, 낱말도 바르게 따라 써 보세요.

표지판

박물관

문어

발명

 박물관: 역사적 유물이나 예술품 등을 진열하고 전시를 목적으로 만든 시설.

5. 더 알고 싶어요 / 중요한 내용

중요한 내용에 대해 알아보고, 문장도 바르게 따라 써 보세요.

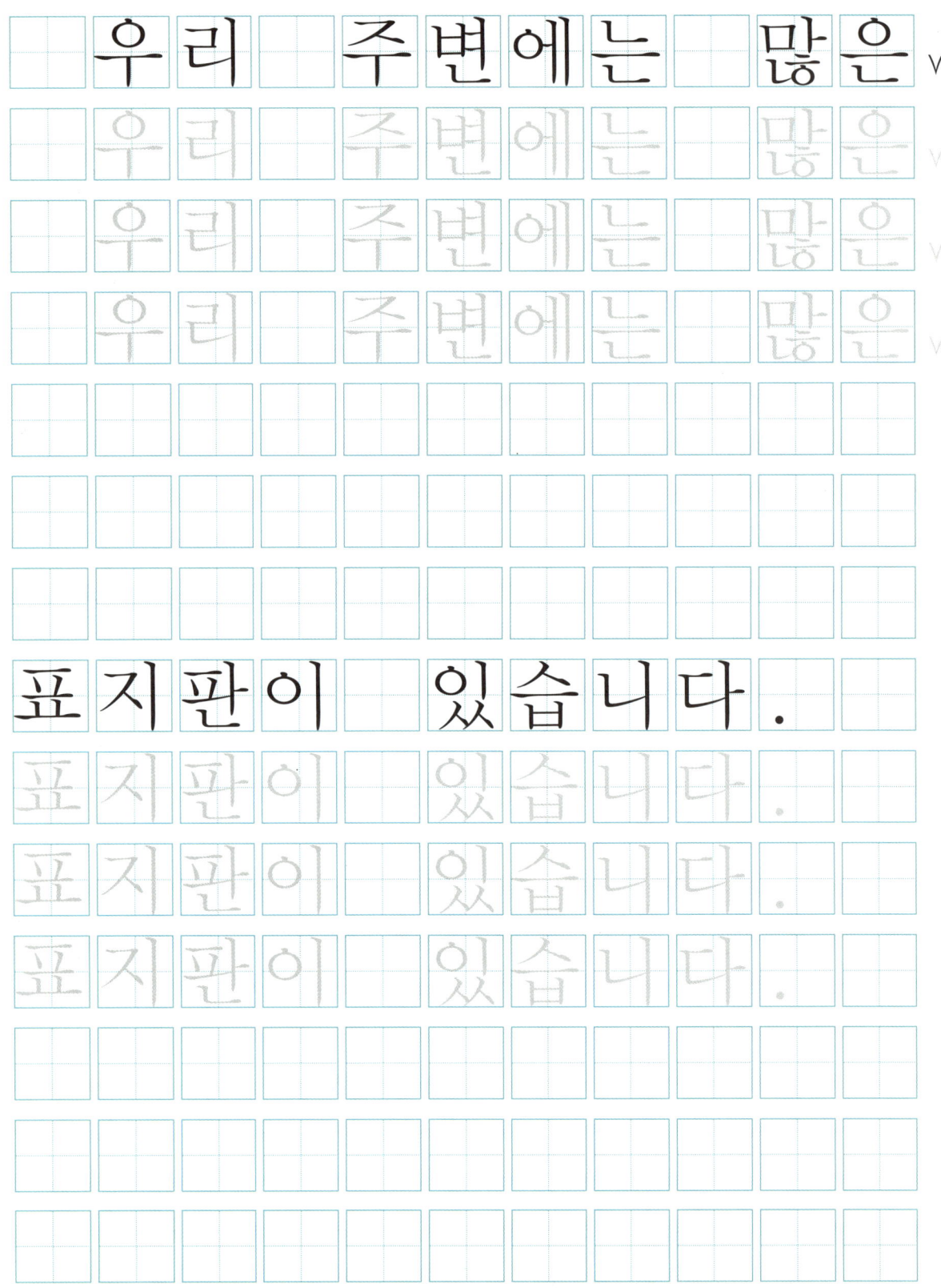

✏️ 중요한 내용에 대해 알아보고, 문장도 바르게 따라 써 보세요.

표지판에는 어떤 뜻

이 담겨 있나요?

5. 더 알고 싶어요 / 중요한 내용

중요한 내용을 간추려 쓰는 문장을 익히며, 바르게 따라 써 보세요.

낙하산은 민들레씨를 본떠 만들었습니다.

✏️ 중요한 내용을 간추려 쓰는 문장을 익히며, 바르게 따라 써 보세요.

5. 더 알고 싶어요 / 생각하며 문장 익히기

✏️ 바른 인사법에 대해 생각해 보고, 문장도 따라 써 보세요.

조금 떨어져서 바른 ✓
자세로 인사합니다.

✏️ 중요한 내용을 간추려 쓰는 문장에 대해 생각하며, 바르게 따라 써 보세요.

5. 더 알고 싶어요 / 생각하며 문장 익히기

✏️ 재미있는 민속놀이에 대해 생각해 보고, 문장도 따라 써 보세요.

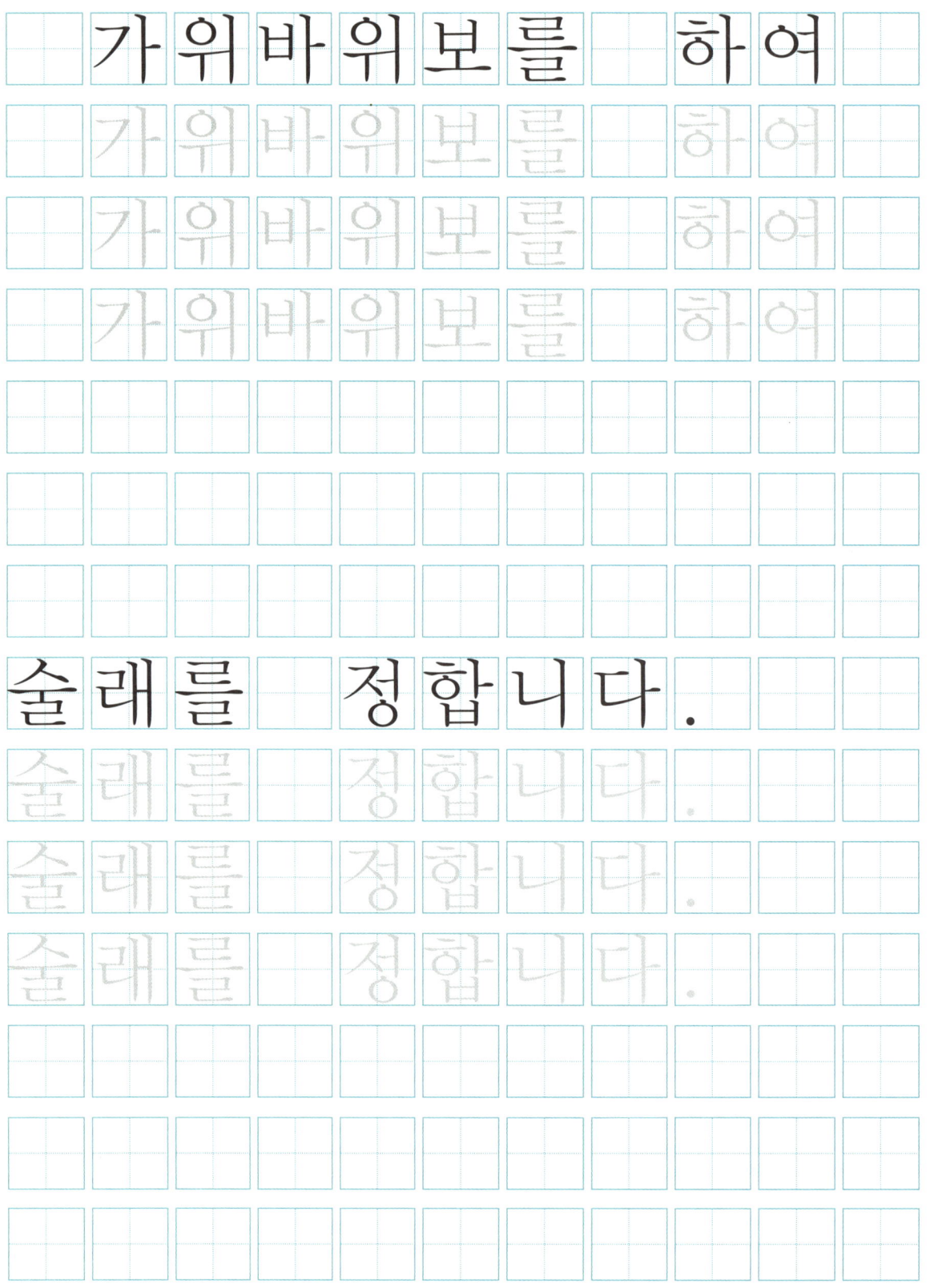

✏️ 소개하는 것의 특징을 잘 살려 문장을 바르게 써 보세요.

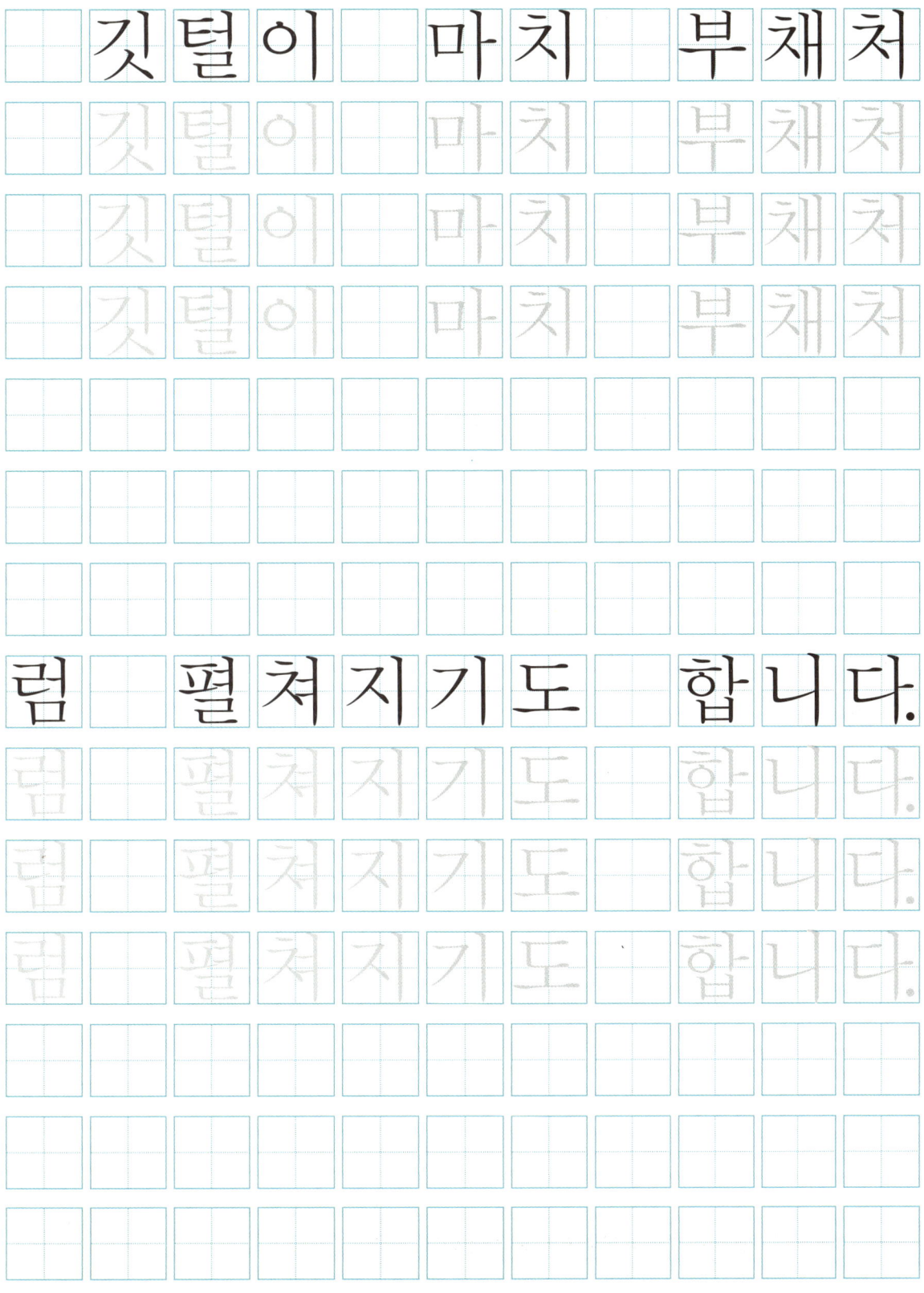

6. 이렇게 해보아요 / 경험한 일

✏️ 경험한 일을 떠올리며, 낱말도 바르게 따라 써 보세요.

낱말풀이 맑음: 구름이나 안개가 끼지 아니하여 날씨가 깨끗함.

✏️ 경험한 일을 떠올리며, 낱말도 바르게 따라 써 보세요.

낱말풀이 영양분: 영양이 되는 성분, 또는 영양소와 분량.

6. 이렇게 해보아요 / 경험한 일

✏️ 비슷한 경험과 생각을 떠올리며, 문장도 바르게 따라 써 보세요.

약속 시간을 꼭 지켜야 한다고 생각한다.

📝 비슷한 경험과 생각을 떠올리며, 문장도 바르게 따라 써 보세요.

6. 이렇게 해보아요 / 경험한 일

✏️ 비슷한 경험과 가족을 떠올리며, 문장도 바르게 따라 써 보세요.

우리 가족의 발은

어떻게 생겼을까?

읽기 95~98쪽

✏️ 비슷한 경험과 가족을 떠올리며, 문장도 바르게 따라 써 보세요.

"할머니 발은 왜 이렇게 딱딱해요?"

6. 이렇게 해보아요 / 내가 만드는 문장

✏️ 여러 가지 낱말로 문장을 만들어 보고, 바르게 따라 써 보세요.

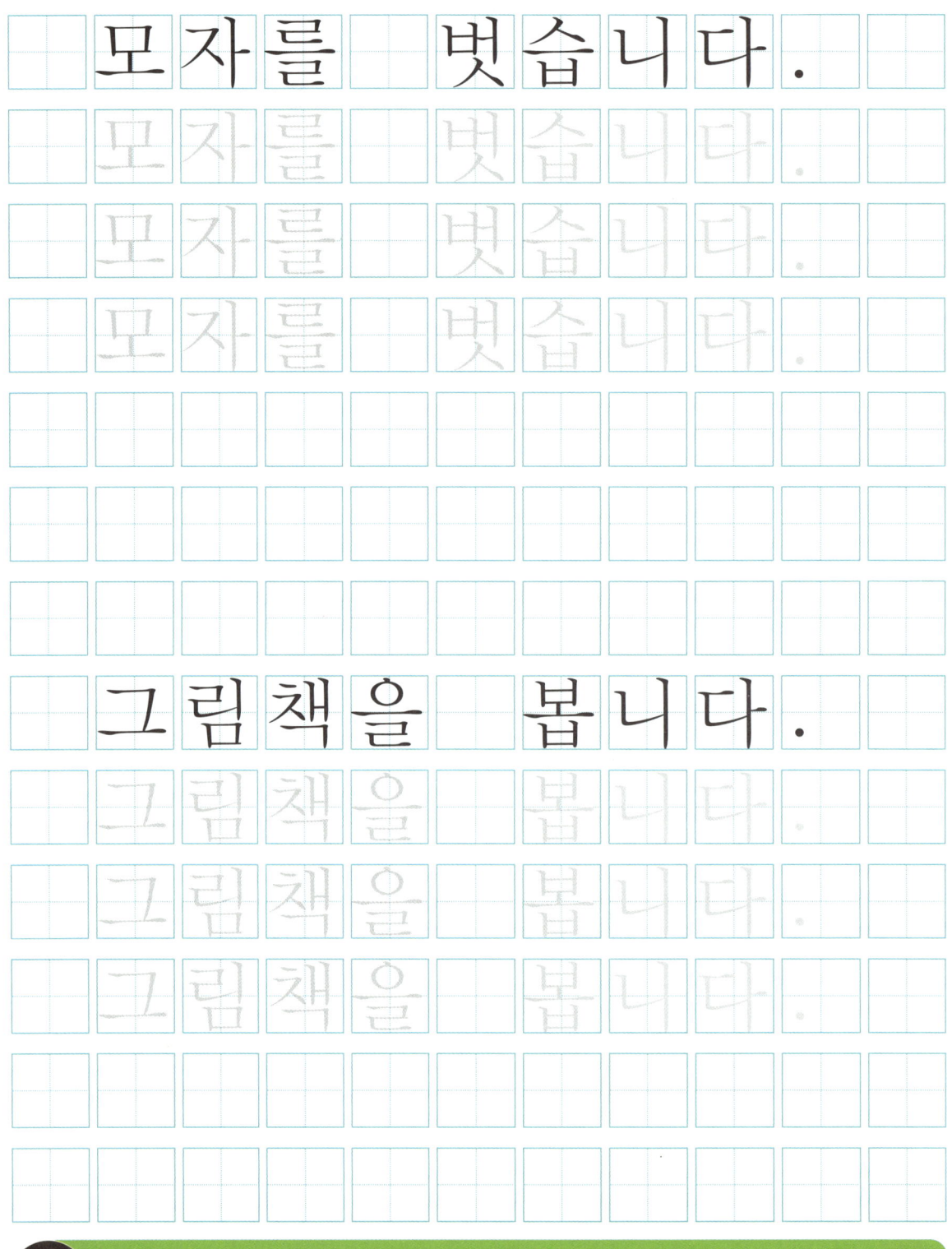

모자를 벗습니다.

그림책을 봅니다.

낱말풀이 그림책: 어린이를 위하여 주로 그림으로 꾸민 책.

읽기 100쪽

✏️ 여러 가지 낱말로 문장을 만들어 보고, 바르게 따라 써 보세요.

우유를 마십니다.

책을 삽니다.

낱말풀이 우유: 영양가가 높고 풍부한 소의 젖.

105

시를 통해 재미있는 장면을 떠올리며 낱말도 익히고, 바르게 따라 써 보세요.

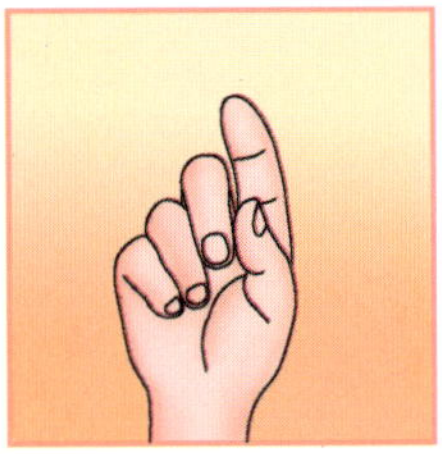

손 가 락 손 가 락

손 가 락 손 가 락

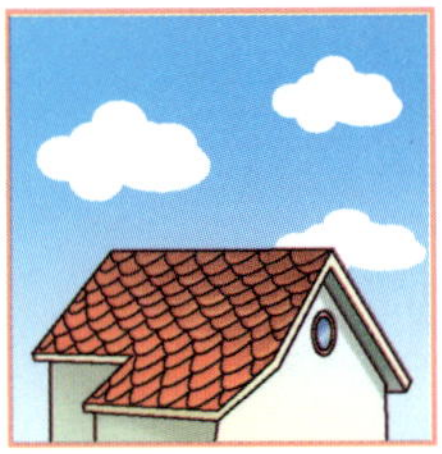

지 붕 지 붕 지 붕 지 붕

지 붕 지 붕 지 붕 지 붕

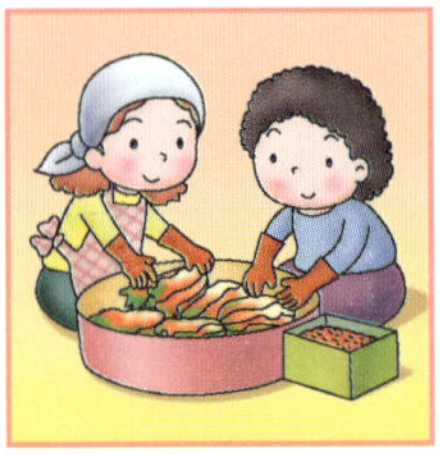

김 장 김 장 김 장 김 장

김 장 김 장 김 장 김 장

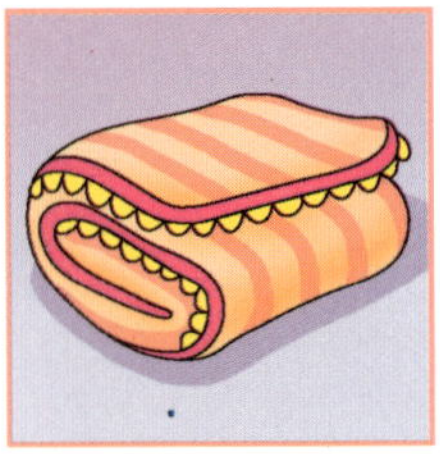

이 불 이 불 이 불 이 불

이 불 이 불 이 불 이 불

낱말 풀이 김장: 겨우내 먹기 위하여 한꺼번에 많이 담그는 김치.

📝 이야기를 통해 재미있는 장면을 떠올리며 낱말도 익히고, 바르게 따라 써 보세요.

| 낱말풀이 | 외양간: 담장 안에 소가 머물도록 마련한 곳. |
| | 목덜미: 목의 뒤쪽 부분과 그 아래 근처. |

7. 상상의 날개를 펴고 / 장면을 떠올리며 낱말, 문장 익히기

시를 통해 낱말을 익히고, 문장도 바르게 따라 써 보세요.

나도 나이 먹으면

아버지 같을까?

읽기 101~103쪽

✏️ 시를 통해 낱말을 익히고, 문장도 바르게 따라 써 보세요.

손가락 맛이 더 좋은가 봅니다.

7. 상상의 날개를 펴고 / 장면을 떠올리며 낱말, 문장 익히기

시를 통해 낱말을 익히고, 문장도 바르게 따라 써 보세요.

펄펄 눈이 옵니다.

자꾸 뿌려 줍니다.

읽기 104~109쪽

✏️ 이야기를 통해 낱말을 익히고, 문장도 바르게 따라 써 보세요.

어머니께서도 궁금하신 듯 물으셨습니다.

7. 상상의 날개를 펴고 / 장면을 떠올리며 낱말, 문장 익히기

📝 이야기를 통해 낱말을 익히고, 바르게 따라 써 보세요.

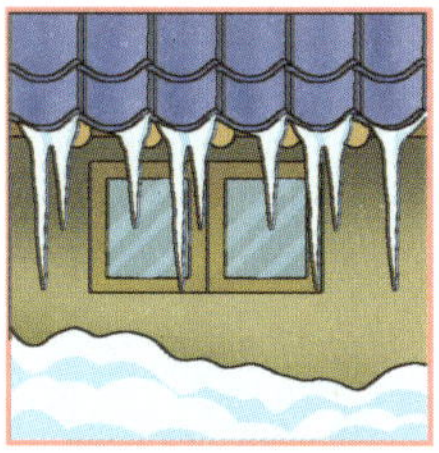

고드름

구유

추녀

새앙쥐

낱말
풀이
구유: 소나 말의 가축들에게 먹이를 담아 주는, 나무나 돌로 만든 먹이통.
추녀: 처마의 네 귀에 네모지고 끝이 번쩍 들린 큰 서까래.

✏️ 이야기를 통해 낱말을 익히고, 바르게 따라 써 보세요.

7. 상상의 날개를 펴고 / 우리말 꾸러미

✏️ 틀리기 쉬운 낱말이 들어 있는 문장을 따라 써 보세요.

방학 때는 열심히

어머니를 도울 거야.

✏️ 틀리기 쉬운 낱말이 들어 있는 문장을 따라 써 보세요.

강물이 깊어서 건널 ✓

수가 없다.

7. 상상의 날개를 펴고 / 우리말 꾸러미

✏️ 띄어쓰기에 주의하며 문장을 바르게 따라 써 보세요.

추운 겨울이 가면

따뜻한 봄이 옵니다.

쓰기 108~110쪽

✏️ 띄어쓰기에 주의하며 문장을 바르게 따라 써 보세요.

창밖으로 멀리 산이

보입니다.

7. 상상의 날개를 펴고 / 낱말 표현 익히기

✏️ 글자의 짜임을 생각하며, 시에 나타난 재미있는 낱말을 따라 써 보세요.

낱말 풀이
곱슬머리: 고불고불하게 말려 있는 머리털을 이르는 말.
버릇: 오랫동안 자꾸 반복하여 몸에 익어 버린 행동이나 습관.

✏️ 글자의 짜임을 생각하며, 시에 나타난 재미있는 낱말을 따라 써 보세요.

솔방울

조개껍데기

매미

물고기

낱말
풀이
솔방울: 겹겹이 달린 조각 사이에 씨가 들어 있는 소나무 열매의 송이.
조개껍데기: 조갯살을 겉에서 싸고 있는 단단한 물질.

7. 상상의 날개를 펴고 / 글을 통해 문장 익히기

✏️ 이야기를 통해 낱말을 익히고, 문장을 따라 써 보세요.

황소 아저씨가 굵다

란 목소리로 물었어요.

✏️ 이야기를 통해 낱말을 익히고, 문장을 따라 써 보세요.

"나하고 함께 여기서 자자꾸나."

7. 상상의 날개를 펴고 / 글을 통해 문장 익히기

글을 실감나게 읽으며 문장 부호에 주의해서 바르게 따라 써 보세요.

글을 실감나게 읽으며 문장 부호에 주의해서 바르게 따라 써 보세요.

"할머니, 감을 다 따면 안 되나요?"

7. 상상의 날개를 펴고 / 글을 통해 문장 익히기

✏️ 시의 재미있는 표현으로 낱말을 익히며, 문장도 따라 써 보세요.

새는 나무에서 자고

쥐는 구멍에서 자고

쓰기 84~110쪽

✏️ 시의 재미있는 표현으로 낱말을 익히며, 문장도 따라 써 보세요.

나는 어디에서 자나

엄마 품에서 자지.